DAS GIN BUCH

für Genießer

200

Gin Rezepte

---

für einen perfekt gemixten Cocktail. Lerne alles Wichtige über Gin, Botanicals, die Geschichte, Herstellung und das richtige Mixen von Gin Tonic und Co.

Bibliographische Information der Deutschen Nationalbibliothek

Die Deutsche Nationalbibliothek verzeichnet diese Publikation in der Deutschen Nationalbibliografie; detaillierte Daten sind im Internet abrufbar unter: https://portal.dnb.de

Das GIN Buch für Genießer: 200 Gin Rezepte für einen perfekt gemixten Cocktail. Lerne alles Wichtige über Gin, Botanicals, die Geschichte, Herstellung und das richtige Mixen von Gin Tonic und Co.

Originale Erstauflage: August 2019

Druck/ Auslieferung: Amazon oder Tochtergesellschaft

Independently published

ISBN: 9781688451193

Inhalt

Vorwort

Gin ist mehr als nur ein Getränk - Gin ist ein Stück Lifestyle und eine besondere Form der Freiheit - der Freiheit, im Hier und Jetzt bewusst einen köstlichen Drink zu genießen und einfach mal die Seele baumeln zu lassen oder einen geselligen Abend mit Freunden zu verbringen.

In diesem Buch findest du 200 köstliche Gin Rezepte. So ist die Abwechslung garantiert. Unabhängig davon, ob du deine Leidenschaft für Gin bereits entdeckt hast oder sie erst mithilfe dieses Buches entfachen wird, der Genuss ist garantiert. Es beginnt mit einer ausführlichen Einleitung, in der du alles Wichtige über Gin lernst. Beginnend bei der Geschichte über die verschiedenen Sorten bis hin zu Tipps & Tricks für den richtigen Gin Genuss. So bekommst du als Anfänger den optimalen Überblick und auch als Fortgeschrittener Gin Genießer wirst du sicherlich etwas lernen können.

Anschließend folgen die Rezepte. Dabei sind sowohl die Klassiker als auch spezielle Gin Cocktails für den Winter vertreten. Außerdem findest du Rezepte für Retro Cocktails und Gin Tonics. Auch Rezepte für Feiern mit Bowle & Punch sind in diesem Buch vertreten. Kurz: Du findest in diesem Buch 200 Gin Rezepte für wirklich jeden Anlass.

Sicherlich wirst du aus diesem Buch viel mitnehmen können und in die geschmackliche Vielfalt des Gins eintauchen können. In jedem Fall wirst du eine Menge Spaß haben und an vielen schönen Abenden in de Genuss des Gins, entweder alleine oder in Gesellschaft, verbringen.

Ganz viel Spaß dabei!

John Ley & **Liquid Labs**

Die Geschichte: auf den Spuren des Gins

Hast du dich schon einmal gefragt, wo Gin eigentlich herkommt? Diese und weitere spannende Fragen rund um die Geschichte des Gins werden in dem folgenden Kapitel beantwortet.

Die Anfänge: Gin als Medizin

Ursprünglich wurde der Schnaps nicht zum Trinkgenuss hergestellt, sondern im medizinischen Kontext eingesetzt. Im sechzehnten Jahrhundert kreierte ein holländischer Arzt namens Franciscus Sylvius de la Boe einen Wacholderschnaps, den er unter anderem im Kampf gegen hartnäckige Fieberanfälle einsetzte. Er nannte sein Mittel "Genever", was auf Holländisch nichts anderes als "Wacholder" bedeutet. Auch wenn de la Boe heute oftmals als Erfinder des Gins genannt wird, ist dies keine gesicherte Tatsache. Fakt ist, dass Wacholderdestillate schon deutlich früher gebrannt wurden und so unter anderem Pestkranken im vierzehnten Jahrhundert Linderung verschafft haben.

Der Gin in England - Fluch und Segen

Trotzdem beginnt die Geschichte des Gins erst im sechzehnten Jahrhundert, langsam Fahrt aufzunehmen. Damals herrschte ein Krieg, der Holland und England zu Verbündeten machte. Englische Soldaten, die in den Niederlanden stationiert waren, lernten den Genever kennen - und ihnen gefiel, was sie da probierten. Als sie in ihre Heimat zurückkehrten, brachten sie den Wacholderschnaps mit ins Königreich, wo er kurzerhand den Namen Gin erhielt. Ein großer Liebhaber des Gins war Wilhelm III. von Oranien-Nassau, der 1672 den Thron bestieg. Er selbst kannte den Genever aus Holland, besorgte sich ein Rezept und ordnete die Gin Produktion in mehreren englischen Destillerien an. Schnell erkannten Produzenten, wie auch Konsumenten, die Vorteile des Getränks: Es war billig in der Herstellung und ließ sich unkompliziert geschmacklich formen. 1690 wurde schließlich das sogenannte Destillationsgesetz verabschiedet, demzufolge es Privatpersonen erlaubt war, Gin zu produzieren. Ein wahrscheinlich gut gemeinter Ansatz, der aber dazu führte, dass reichlich Gin minderwertiger Qualität in Umlauf geriet. Aufgrund des günstigen Preises, langte die Bevölkerung gerne und reichlich zu und trank pro Kopf rund 90 Liter Gin pro Jahr. Kein Wunder, dass so mancher Engländer Schwierigkeiten hatte, seinen beruflichen und familiären Pflichten nachzugehen. Heute wird sogar von einer gesellschaftlichen Entgleisung gesprochen, die von Malern und Schreiberlingen aufgefasst und hauptsächlich dem Gin zugeschrieben wurde. 1763 reagierte die Regierung und erließ den "Gin Act". Fortan musste eine Lizenz erworben werden, die einen dazu berechtigte, den Wacholderbrand herzustellen und auch die Ausschankzeiten und die Mengen, die täglich ausgegeben werden durften, wurden eingegrenzt. Die Wirkung ließ zu wünschen übrig, denn die Bevölkerung wusste, wie die Regelungen umgangen werden konnten. Zum einen änderten Destillerien die Rezeptur geringfügig und konnten das alkoholische Getränk auf diese Weise unter einem anderen Namen ganz legal weiter vertreiben. Zum anderen tauchten an den Außenwänden der Schankstuben gusseiserne schwarze Katzen auf. Diese waren ein Symbol dafür, dass am entsprechenden Ort illegalerweise Gin erhältlich war, der aus den Beinen oder dem Schwanz der Katze unauffällig abgefüllt werden konnte. Um 1750 war Schluss mit dem billigen Gin. Ließ die Spirituose an Qualität zu wünschen übrig, waren saftige Strafen fällig, sodass die Preise rapide anstiegen. Einige schlechte Getreideernten taten ihr übriges dazu, dass der Gin nicht länger massenhaft erworben werden konnte. Den meisten Menschen fehlte schlicht und einfach das Geld, um sich täglich zu betrinken und die prekäre gesellschaftliche Situation beruhigte sich langsam. Erst im achtzehnten Jahrhundert tat sich wieder etwas in Sachen Gin. Der begehrte Schnaps, der nicht nur von den Arbeitern, sondern auch vom Adel gerne getrunken wurde, profitierte von der Industrialisierung, die die Herstellung enorm erleichterte und vor allem deutlich lukrativer machte. Zudem kam der Austausch von Waren zwischen verschiedenen Ländern mehr und mehr in Gange. Den Destillerien standen in der Folge mehr Gewürze, sogenannte Botanicals, zur Verfügung, mit denen exotische, kreative und neuartige Gin Kompositionen produziert werden konnten. Auf die Bedeutung von Botanicals werfen wir in einem späteren Kapitel einen ausführlicheren Blick.

Gin heute - pur & in Cocktails ein Hit

Cocktails wurden im neunzehnten Jahrhundert zum beliebten und schmackhaften Getränk. Der Gin Tonic, der von englischen Soldaten im kolonialisierten Indien zur Vorbeugung von Malaria kreiert wurde, stand in vielen Bars als einer der ersten Cocktails auf der Getränkekarte. Auch wenn die Prohibition und der Zweite Weltkrieg eine Art Durststrecke darstellten, schaffte es der Gin, in Erinnerung zu bleiben und sich erneut nach oben zu kämpfen. Seit 1990 ist die Spirituose aus den meisten Bars und auch aus vielen Privathaushalten nicht mehr wegzudenken. Experimentierfreudige Destillerien, die mit Botanicals spielten und den Gin immer wieder neu erfanden, trugen dazu bei, dass die Beliebtheit des Getränks heute seines gleichen sucht. Sowohl in zahlreichen Cocktails, als auch pur, wird der gute alte "Genever" immer wieder gerne getrunken.

Die Herstellung: vom Getreide zum Gin

Innerhalb der Europäischen Union unterliegt die Gin Herstellung mehr oder weniger strengen Richtlinien, die in der EU-Spirituosenverordnung festgehalten sind. Die Richtlinien umfassen Aspekte zur Herstellung, aber auch zur Zusammensetzung und Kennzeichnung des Schnapses. Die Basis eines jeden Gins ist sogenannter Neutral- oder Basisalkohol, der aus unterschiedlichen Getreidesorten, zum Beispiel aus Gerste, Mais, Weizen oder Roggen, gewonnen wird. Manchmal kommen auch Alternativen, wie Melasse, Kartoffeln und Zuckerrüben, zum Einsatz. Nachdem der Neutralalkohol vorhanden ist, setzt sich die weitere Herstellung aus vier grundlegenden Schritten zusammen:

✓ Würzen

Damit der Gin sein Aroma erhält, wird er mit den bereits erwähnten, Botanicals versetzt. Die Übertragung des Aromas kann auf drei unterschiedlichen Wegen - über die Perkolation, die Mazeration oder die Dampfinfusion - vonstattengehen. Auf die einzelnen Möglichkeiten gehen wir zu einem späteren Zeitpunkt in diesem Buch genauer ein.

✓ Destillation

Anschließend wird Wasser ausgeleitet. Im Rahmen der Destillation wird die Flüssigkeit in einer Brennblase oder -säule erhitzt, sodass Dampf entsteht. Der aufsteigende Dampf gelangt direkt in eine kühle Spirale, wo er sich verflüssigt. Zum Ende dieses Herstellungsschritts liegt eine Spirituose mit etwa 96% vol. vor.

✓ Lagerung

Im Gegensatz zu anderen Schnäpsen, wie zum Beispiel dem Whisky, spielt die Lagerung beim Gin eine untergeordnete Rolle. Der Großteil der Destillerien lagert seinen Gin zwischen einer und acht Wochen. Dieser Schritt findet in einem Behälter statt, der ausdrücklich neutral ist, also keinen Geschmack an die Flüssigkeit abgeben kann. Oftmals werden Glas- oder Stahltanks verwendet. Nur einige wenige Hersteller wählen gezielt Holzfässer, um den sogenannten "Reserve Gin" zu lagern. Die Fässer, in denen zuvor oftmals Whisky, Sherry, Brandy oder Cognac aufbewahrt wurde, geben ihre Aromen unterschwellig an den Gin weiter.

✓ Abfüllung

Zu guter Letzt muss der Tropfen natürlich seinen Weg in die Flasche finden. Zuvor muss er allerdings mit Wasser verdünnt werden - schließlich möchte niemand einen 96% vol. starken Schnaps trinken. Kennern gelingt es tatsächlich, die Qualitäten des genutzten Wassers aus dem fertigen Gin herauszuschmecken. Ein sehr kalkhaltiges Wasser kann beispielsweise zu einem kratzigen Trinkgefühl führen. Laut EU-Spirituosenverordnung muss ein Gin mindestens 37 % vol. haben.

Qualität: Erkennen eines guten Gins

Bei der großen Auswahl an Gin, die der Markt zu bieten hat, ist es für Laien wahrlich nicht einfach, einen guten Gin zu erkennen. Dennoch gibt es einige Anhaltspunkte, die auf eine gute oder schlechte Qualität hindeuten.

✓ *Empfehlungen*

Wird ein Gin von Kennern, Magazinen und Bekanntheiten der Szene empfohlen, spricht das für die Qualität des Schnapses. Im Umkehrschluss würde das bedeuten, dass ein Gin ohne nennenswerte Empfehlungen oder Auszeichnungen grundsätzlich eine schlechte Qualität hat, was selbstverständlich nicht der Fall ist. Es gibt durchaus gute Wacholderschnäpse, die bislang einfach niemandem aufgefallen sind.

✓ *Harmonische Aromen*

Ein guter Gin sollte, hinsichtlich der Aromen, vor allem harmonisch sein. Das gilt, ganz egal ob das Getränk nun vorwiegend süße, fruchtige, herbe, holzige oder bittere Aromen besitzt. Sticht ein Aroma zu stark hervor und übertüncht damit alle anderen Noten, ist dies für gewöhnlich als ein schlechtes Zeichen zu werten.

✓ *"The good and the bad burn"*

Alkohol brennt - im Mund, auf der Zunge, in der Kehle und im Bauch. Es gibt da allerdings den feinen Unterschied, der ein schlechtes Brennen von einem guten trennt. Prickelt der Alkohol im Mundraum und unterstützt die Aromen, ohne sie zu überdecken, ist das Brennen angenehm und somit gut. Riecht der Schnaps allerdings nur nach Alkohol und du musst nach einem Schluck erst einmal tief Luft holen, handelt es sich um ein schlechtes Brennen. Für Einsteiger, die erst einige Male zum Gin gegriffen haben, sind "good and bad burn" nur schwer zu unterscheiden. Erst mit der Erfahrung wächst die Fähigkeit, diese Differenzierung vorzunehmen.

Was der eine als einen wirklich guten Tropfen beschreibt, kann für den anderen ein absolut durchschnittliches oder sogar schlechtes Geschmackserlebnis darstellen. Ob ein Gin gut ist, hängt also zu aller erst und absolut maßgeblich vom persönlichen Geschmack und den individuellen Vorlieben ab. Gerade bei Gin, der sich durch Botanicals in ganz verschiedene geschmackliche Richtungen lenken lässt, kann man somit kaum per se von einem guten oder schlechten Schnaps sprechen.

Die Welt des Gins: die Sorten des Gins

In diesem Kapitel tauchen wir vollends in die Welt des Gins ein und entdecken die Sorten, die dieser zu bieten hat. Sei gespannt, denn es gibt einiges zu wissen.

Der Dry Gin

Einen Dry Gin erkennt man an einem ausgeprägten Wacholderaroma, das durchaus von anderen Noten umspielt werden kann. Gerne werden hier ergänzend Zitrusaromen eingesetzt, doch auch bittere Anklänge sind vorhanden. Zur Herstellung dürfen, laut Gesetz, sämtliche verfügbaren Neutralalkohole, sowie künstliche Aroma- und Farbstoffe verwendet werden. Alle Zutaten dürfen zu einem beliebigen Zeitpunkt beigemischt werden. Beispiele für Dry Gins sind der The Duke Munich und der Junipero.

Der London Dry Gin

Die Bezeichnung dieser Ginsorte leitet leider in die Irre: London Dry Gin muss nicht aus London stammen. Stattdessen ist ein bestimmter Herstellungsschritt kennzeichnend für diese Art Gin: Alle Botanicals werden zeitgleich zum Neutralalkohol gegeben. Außerdem dürfen hier keine künstlichen Farb- und Aromastoffe hinzugezogen werden und auch die Zugabe von Zucker ist auf 0,5 Gramm pro Liter begrenzt. Ein klassischer London Dry Gin, wie der Elephant London Dry Gin oder der Mombasa Club London Dry Gin, verfügt über ein klares Wacholderaroma, das mit würzigen Elementen kombiniert wird.

New Western Dry Gin

Im Vergleich zum London Dry Gin, ist der New Western Dry Gin eine recht neue Entdeckung und überzeugt mit überdurchschnittlich harmonischen Aromen. Dabei steht der Wacholder nicht im Vordergrund, sondern tritt an die zweite oder dritte Stelle. Aus diesem Grund lassen sich verschiedene New Western Dry Gins, beispielsweise der bekannte Monkey 47 und der Bulldog, sehr klar unterscheiden.

Old Tom Gin

Old Tom Gin wird nachträglich mit Zucker versehen, sodass er zu den ausgeprägt süßen Gins zählt. Zu Beginn dieses Ratgebers hast du erfahren, dass Schankhäuser schwarze Katzen an ihren Außenwänden installiert hatten, um illegal Gin auszuschenken. Schwarze Katze heißt in englischer Sprache "tomcat" und gibt dieser Ginsorte ihren Namen. Durch seine Süße eignet sich dieser Schnaps, dem der Tanqueray und der Gin Lane Old Tom zugeordnet werden können, wunderbar zum Mixen von Cocktails.

Plymouth Gin

Plymouth Gin darf tatsächlich nur in Plymouth produziert werden. Auch hier ist die Wacholdernote eher schwach, während erdige, sowie fruchtige und süße Noten in den Vordergrund treten. Der Schnaps wird dreifach destilliert und lässt sich durchaus als vollmundig beschreiben. Zu dieser Ginsorte gehört mitunter der Plymouth Gin Navy Strength.

Genever

Genever, also die sehr ursprüngliche Form von Gin, wird heute in Holland, Deutschland und Belgien gebrannt. Wir unterscheiden hier zwischen jungem und altem Genever. Junger Genever ist ein klarer Kornbrand, der über eine eher dezent, aber dennoch schmeckbare Wacholdernote verfügt, während alter Schnaps dieser Art traditionell produziert wird und recht malzig schmeckt. Beispiele für Genever Gins sind der Rutte Old Simon und der Bols Genever Amsterdam.

Reserve Gin

Reserve Gin wird, wie bereits kurz erwähnt, in Holzfässern gelagert, die zuvor andere Brände, beispielsweise Cognac oder Sherry, beherbergt haben. Das Aroma der Brände, das sich in den Fasern der Fässer abgesetzt hat, überträgt sich - je nach Lagerzeit - mehr oder weniger stark auf den Gin. Mitunter haben die Marken Citadelle und Brecon Reserve Gins im Sortiment.

Sloe Gin

"Sloe" bedeutet "Schlehe", was nur ein alternativer Begriff für Wacholder ist. Da die Spirituose normalerweise zwischen 15 und 30% vol. aufweist, kann sie streng genommen nicht zu den Gins gezählt werden. Dennoch erfreut sich der Sloe Gin großer Beliebtheit und wird gerne zum Mischen von Cocktails eingesetzt. Bei dieser Sorte, der unter anderem der Gordons und der Haymans Sloe Gin angehören, kann man ein klares Wacholderaroma herausschmecken.

Vielleicht fragst du dich jetzt, welche Sorte sich am besten für dich eignet. Leider wird dieser Ratgeber die Frage nicht, beziehungsweise nur unzulänglich, beantworten können. Wieder kommt es ganz darauf an, welcher Geschmack dir persönlich am meisten zusagt. Wenn du die typische Wacholdernote schmecken möchtest, solltest du zu einem Dry Gin oder einem London Dry Gin greifen. Findest du dagegen Gefallen an milderen Likören, dürfte ein Sloe Gin das Richtige für dich sein. Wenn du gerade erst damit beginnst, dich mit Gin auseinanderzusetzen, ist es ratsam, nach und nach mehrere Schnäpse jeder Sorte zu probieren. Schließlich kannst du nur wissen, was dir schmeckt, wenn du möglichst viel probiert hast.

Gin im Detail: geschmackliche Feinheiten

Gehst du in einen Spirituosenladen oder besuchst einen Onlineshop für Gin, findest du dort eine unfassbar große Auswahl verschiedener Wacholderschnäpse. Dennoch gleichen sich kaum zwei Gins vollkommen. Der Unterschied liegt in der Regel in den Aromen und Noten, die durch Botanicals erzeugt werden. Der Monkey 47 ist das beste Beispiel dafür, wie das Spiel mit geschmacklichen Nuancen auf die Spitze getrieben werden kann. Mit ganzen 47 Botanicals, verfügt der Schnaps sowohl über herbe und schwere, als auch über fruchtige, fast schon blumige Noten.

Ein Gin, der gekonnt mit dieser Masse von Botanicals versetzt wurde, ist im Geschmack entsprechend komplex. Generell sollte man als Anfänger nicht den Anspruch an sich stellen, sämtliche Geschmacksnoten aus einem Gin herausschmecken zu können. Die Erfahrung schärft Nase, Zunge und Gaumen und führt unweigerlich dazu, dass die Feinheiten und Eigenschaften eines Gins immer klarer erlebt und benannt werden können.

Botanicals: Gewürze für Gin

Botanicals sind nichts anderes, als Gewürze für Gin, mit denen das Aroma des Schnapses definiert und kreiert werden kann. In diesem Kapitel widmen wir uns den Gingewürzen im Detail und sehen uns unter anderem an, welche Botanicals es überhaupt gibt und wie sie dem Gin zugefügt werden.

Die Vielfalt der Botanicals

Die Gesamtheit der Botanicals lässt sich in mehrere Kategorien aufspalten, die ich dir im Folgenden gerne näher bringen möchte:

✓ *Kräuter*

Fast jeder Gin wurde mit dem ein oder anderen Kraut aromatisiert. Neben wohlbekannten Kräutern, wie Basilikum, Beifuß, Muskat und Thymian, kommen bei der Herstellung von Gin auch ausgefallenere Komponenten, wie chinesischer Taro, Rhododendron, Seetang und Ysop, infrage. Nachfolgend findest du eine Auflistung beliebter Botanicals der Kategorie Kräuter.

Akazie	Flieder	Kaktusblüte	Melisse	Veilchen
Bergamotte	Geißblatt	Kamillen-blüte	Oregano	Waldmeister
Brennnessel	Grasnelke	Kirschblüte	Rosenblüten	Weinblüte
Eisenkraut	Hibiskus	Majoran	Salbei	Zistrose
Eukalyptus	Jasmin	Mate	Stiefmütter-chen	Zitronengras

✓ Früchte

Gins mit ausgeprägten Fruchtnoten - ganz abgesehen vom Wacholder - waren eine Zeit lang eher verpönt. Heute erfahren sie aber große Beliebtheit. Mit diesen Früchten wird Gin besonders häufig versetzt:

Ananas	Erdbeere	Hagebutte	Pampelmuse	Vogelbeere
Aprikose	Feige	Limette	Pfirsich	Weintraube
Birne	Granatapfel	Mandarine	Pflaume	Wacholder
Blutorange	Grapefruit	Mango	Rhabarber	Weißdorn-beere
Brombeere	Gurke	Orange	Rosine	Zitrone

✓ Körner und Samen

Auch Körner und Samen sind in der meisten Gins enthalten. Sie verleihen dem Schnaps einen gewissen Feinschliff und können sowohl herb und holzig, als auch richtig feurig zum Tragen kommen.

Angelika	Fenchel	Koriander	Schwarzer Pfeffer
Anis	Haselnuss	Mais	Tonkabohne
Bittermandel	Johannesbrot	Malz	Vanille
Kreuzkümmel	Kakao	Mandel	Walnuss
Dill	Kardamom	Pinie	Zitronenpfeffer

✓ Rinden und Wurzeln

Rinden und Wurzeln werden ebenfalls gerne verwendet und runden eine Gin Komposition oftmals perfekt ab, können aber auch das Fundament darstellen. Was das Geschmackserlebnis betrifft, kommen sie vor allem im Abgang zum Vorschein.

Blutwurz	Eibisch	Kurkuma	Meerrettich	Veilchen
Calamus	Enzian	Lilie	Sandelholz	Wald-Engelwurz
Chinarinde	Harz	Lotus	Süßholz	Zimt

Eigenregie: die Gin Herstellung mit Botanicals

Möchte man Gin selbst herstellen, ist die Auswahl der Botanicals von großer Bedeutung. Schließlich sind es die Gewürze, die einem Gin seinen Geschmack verleihen und ihn damit im besten Falle unverwechselbar machen. Je nachdem, wie groß die Experimentierfreude ist, kann man auf bewährte Kombinationen, zum Beispiel aus Orangen und Kardamom, zurückgreifen oder sich seine eigene Kreationen einfallen lassen, wobei der Fantasie eigentlich keine Grenzen gesetzt sind. Das Spiel mit Botanicals ist einer der Punkte, die die Ginherstellung in Eigenregie so spannend und zu einem wirklich kreativen Hobby machen. Im Vorhinein kann dabei oft schwer abgeschätzt werden, wie gut verschiedene Komponenten miteinander harmonieren. Man muss ganz einfach das Ergebnis abwarten. Aber auch hier wirst du mit steigender Erfahrung immer besser wissen, was harmonisch schmeckt und kannst somit auch experimentierfreudiger werden.

Methoden: Wie kommen die Botanicals in den Gin?

Es gibt mehrere Verfahren, in deren Rahmen der Gin mit Botanicals aromatisiert werden kann. Die drei gängigsten Methoden sehen wir uns an dieser Stelle genauer an:

✓ *Die Mazeration*

Die Mazeration wird auch Kaltauszug genannt und gilt als am häufigsten eingesetztes Verfahren. Dabei werden die Botanicals entweder in einem Sieb oder lose in den Alkohol gegeben, wo sie für mindestens 36 Stunden verweilen. Je nachdem, wie lange sie dort bleiben, fällt das abgegebene Aroma stärker oder schwächer aus. Eine Unterform der Mazeration ist die sogenannte Digestion. Hier wird das Ganze erhitzt, wodurch sich der Prozess der Aromatisierung deutlich beschleunigen lässt. Werden die Botanicals lose hinzugegeben, fällt es oft schwer, sie später wieder herauszunehmen, sodass Bestandteile bei der anschließenden Destillation im Kessel verbleiben. In diesem Fall ist es nicht selten, dass sich Bitterstoffe lösen und den Gin ihrerseits beeinflussen, was aber auch gewollt sein kann und von manchen Kennern geschätzt wird.

✓ *Die Perkolation*

Die Perkolation sieht vor, dass der Alkohol fließend mit den Botanicals in Verbindung gebracht wird. Die Gewürze werden in einer Art Korb verwahrt, während der Alkohol in ständiger Bewegung über sie hinweg und durch sie hindurch fließt. Dabei lösen sich manchmal kleine Bestandteile, die sogenannten Perkolate, die nachträglich ausgefiltert werden müssen.

✓ Die Dampfinfusion

Bei der Dampfinfusion werden Botanicals und Gin nicht direkt miteinander in Berührung gebracht. Stattdessen werden die Gewürze über dem Brennkessel in einem Sieb platziert. Die Alkoholdämpfe, die aufsteigen, schweben durch die Botanicals und nehmen deren Aromen auf, sodass diese letztendlich im Gin landen. Generell wird Gin, der durch Dampfinfusion aromatisiert wird, weniger geschmacksträchtig und damit leichter, als Schnäpse, bei denen auf die Mazeration oder die Perkolation vertraut wird.

Gin selber herstellen: Know-How für Einsteiger & Fortgeschrittene

Als echter Gin Liebhaber kommt man früher oder später auf den Gedanken, selbst einen solchen Schnaps herzustellen. Du fragst dich, ob das überhaupt geht? Aber sicher! In diesem Kapitel erfährst du alles, was du wissen musst, um dich an die Produktion deines eigenen Gins zu wagen.

Wichtige Hinweise

Eigentlich versteht sich von selbst, dass Gin nur von volljährigen Personen hergestellt werden sollte. Außerdem sollte man sich natürlich das nötige Wissen zulegen, bevor mit dem Selbstversuch gestartet wird. Doch sei beruhigt: mit diesem Buch bist du auf dem besten Weg, deinen eigenen selbstgemachten Gin in den Händen zu halten. Bis 2018 durften kleine Mengen Schnaps - bis zu 500 Millilitern - ohne Genehmigung selbst gebrannt werden. Heute hat sich die Situation verändert: Privatpersonen ist es an sich untersagt, Spirituosen zu brennen - es sei denn, sie haben eine Brennerlaubnis. Eine solche Erlaubnis kann beim zuständigen Hauptzollamt angefordert werden. Würdest du Schnaps ohne die Genehmigung herstellen, müsstest du mit saftigen Strafen rechnen - immer vorausgesetzt, jemand zeigt deinen individuellen Fall an. Wie fast immer, gibt es auch hier Sonderfälle und Schlupflöcher. Eine nicht gewerblich genutzte Destillerie - also das Brennen für den Privatgebrauch - ist bis zu einem Volumen von zwei Litern legal. Ab dieser Grenze von zwei Litern muss das Brennen dem Hauptzollamt gemeldet werden. Doch auch innerhalb des zwei Liter Rahmens darf das Destillieren eigentlich nur zum Zwecke der Herstellung von Hydrolaten und Ölen stattfinden. In diesem Sinne muss hier ganz klar gesagt werden, dass das Brennen von Gin illegal ist und auf jeden Fall davon abgesehen werden sollte, selbstgebrannten Schnaps online oder anderweitig zum Verkauf anzubieten. Anders sieht es aus, wenn man den Schnaps in einer gesetzestreu gemeldeten Destillerie brennen lässt oder auf das Destillieren verzichtet und einen Basisalkohol auf eigene Faust mit Botanicals verfeinert, um seinen eigenen Gin zu erhalten. Diese "Light Version" liegt vollkommen im Bereich der Legalität.

Die Utensilien der Vorgang Schritt für Schritt

Aufgrund des gesetzlichen Rahmens gehen wir nun davon aus, dass der Basisalkohol, beispielsweise in Form von Wodka, bereits vorliegt. Es geht nun also vor allem darum, mit Botanicals zu experimentieren, um einzigartige Gins zu erhalten. Im Allgemeinen empfiehlt sich für die Herstellung Zuhause das Verfahren der Mazeration. Hierfür brauchst du nur einen fest verschließbaren Topf, ein großes Schraubglas oder ein ähnliches Gefäß. Zum Mazerieren legst du die gewählten Botanicals im Neutralalkohol ein. Je nach Gegebenheiten, kannst du sie einfach direkt in den Alkohol legen oder in einem Sieb hineinhängen. Wie bereits geschildert, ist eine Mindestdauer der Mazeration von 36 Stunden vorgesehen. Fällt der Zeitraum kürzer aus, muss mit einem erheblich schwächeren Geschmack im Endresultat gerechnet werden. Daher empfiehlt es sich generell, sich lieber etwas länger zu gedulden. Am Ende der Mazeration liegt ein Gin vor, der genauso stark ist, wie der verwendete Basisalkohol und, auf Wunsch, natürlich noch verdünnt werden kann. Hierfür verwendest du am besten destilliertes Wasser. Damit du den Alkoholgehalt messen kannst, brauchst du ein Refraktometer. Schritt für Schritt gestaltet sich die Ginherstellung folgendermaßen:

1. Wacholder einlegen

Für einen klassischen Gin wird als Erstes der Wacholder in den Neutralalkohol eingelegt. Wie beschrieben, kann die Mazeration durch Erhitzen beschleunigt werden. Dabei sollte die Stärke des Alkohols bei maximal 50% vol. liegen. Andernfalls besteht die Gefahr, dass sich die Botanicals zersetzen und zum Beispiel Bitterstoffe "en masse" freigesetzt werden. Diese erste Phase der Mazeration muss keine 36 Stunden andauern. Der Zeitrahmen richtet sich danach, wie stark das Wacholderaroma im Endeffekt sein soll.

2. Weitere Botanicals hinzugeben

Anschließend werden weitere Botanicals, ganz nach dem individuellen Geschmack, hinzugegeben. An dieser Stelle muss man dem Gin mindestens 36 Stunden Zeit geben.

3. Filtern

Im nächsten Schritt werden die Botanicals - falls diese lose hinzugegeben wurden - mithilfe eines feinen Siebs herausgefiltert.

4. Ruhen lassen

Dann sollte der Gin für einige Tage bis hin zu mehreren Wochen ruhen. Dafür füllst du ihn in ein geschmacklich neutrales Gefäß.

5. Verdünnen

Zu guter Letzt wird, bei Bedarf, das Refraktometer eingesetzt und destilliertes Wasser dazugegeben, um den Gin auf die gewünschte Trinkstärke zu bringen.

Zusammengefasst bedeutet das, dass du nur einen Basisalkohol, ein geeignetes, verschließbares Gefäß, Botanicals, ein Sieb, einen Trichter und eventuell ein Refraktometer, sowie eine Dosierungshilfe benötigst - und schon kannst du deine erste Gin Kreation in Angriff nehmen.

Gute Ergebnisse brauchen Zeit

Mit hoher Wahrscheinlichkeit ist dein erster selbstgemachter Gin nicht perfekt. Mehr noch: vielleicht ist er nicht einmal genießbar. Davon solltest du dich nicht entmutigen lassen, denn - wie man so schön sagt - Übung macht den Meister. Es wird seine Zeit brauchen, bis du ein Gefühl dafür bekommst, welche Botanicals miteinander harmonieren und in welchen Mengen sie eingesetzt werden sollten. Diese Zeit kann zwar von Enttäuschungen geprägt, aber durchaus auch spannend sein. Immerhin lernt man aus Fehlern am besten. Anregungen für gute Kombinationen kannst du dir online oder über die Zutatenliste bekannter Gins holen. Dein Ziel sollte es im Idealfall aber sein, einen Gin zu kreieren, der deinen persönlichen Ansprüchen gerecht wird.

Die Schulung der Sinne

Durch die bewusste Verkostung verschiedener Gins, kannst du deine Sinne schulen und Schritt für Schritt lernen, was einen Gin zu einem guten Gin macht. Neben der Herstellung in Eigenregie, sollte auch das Probieren renommierter Gins nicht zu kurz kommen. Dabei solltest du auf verschiedene Aspekte achten:

✓ *Farbe*

Nimm dir die Zeit den Gin zu betrachten und seine Farbe wertzuschätzen. Mit der Zeit wirst du lernen, dass die Färbung bereits erste Einschätzungen des Geschmacks zulässt.

✓ *Geruch*

Schnuppere ausgiebig an dem Schnaps und sauge die Gerüche in dich auf. Nimmst du nur den Alkohol wahr, kann das zum einen an mangelnder Erfahrung, zum anderen aber auch an mangelnder Qualität liegen.

✓ *Geschmack*

Lasse den Gin auf deine Zunge gleiten und schließe am besten die Augen, um dich vollkommen auf deine Geschmacksnerven zu konzentrieren. Welche Aromen nimmst du wahr? Nimm einen zweiten Schluck und versuche weitere Noten - abseits des vordergründigen Aromas - zu entdecken.

✓ *Abgang*

Beobachte, wie der Gin kurz vor dem, während dem und nach dem Schlucken schmeckt. Möglicherweise treten im Abgang Geschmacksnuancen zum Vorschein, die vorher kaum vorhanden waren.

✓ *Mundgefühl*

Wie fühlt sich der Gin im Mund an? Ist er weich oder kratzig? Samtig oder klebrig?

Gin Kits: sinnvoll oder überflüssig?

Vor allem online findest du spezielle Sets zur Ginherstellung von verschiedenen Anbietern. Die Kits enthalten meist eine Auswahl an Botanicals, sowie nützliches Zubehör, zum Beispiel Flaschen zum Abfüllen. Als Geschenk für Gin Fans sind diese Sets sicherlich unschlagbar, für den Privatgebrauch muss es aber nicht unbedingt ein Ginkit sein. Wenn du die Preise vergleichst, stellst du fest, dass es in den meisten Fällen günstiger ist, die Botanicals separat zu kaufen. Leere, geeignete Flaschen sind zudem für kleines Geld zu haben oder befinden sich vielleicht auch schon im Haushalt. Solltest du dich dennoch für den Kauf eines Kits entscheiden, solltest du auf diese beiden Kriterien achten:

✓ *Botanicals*

Alle Kits haben eines gemeinsam: sie enthalten Wacholderbeeren. Klar, schließlich bilden diese normalerweise die Grundlage für das Aroma des Gins. Welche weiteren Gingewürze beigefügt sind, variiert von Set zu Set. Hier solltest du also einen genauen Blick in die Produktbeschreibung werfen und zu einem Set greifen, das überwiegend Botanicals beinhaltet, die deinen Geschmack treffen.

✓ *Zubehör*

Je mehr Zubehör dabei ist, desto mehr kann sich der Preis natürlich relativieren. In dieser Hinsicht solltest du zuerst checken, was du bereits Zuhause hast und was du tatsächlich noch brauchst. Immerhin bringt es dir nichts, für das Sieb in einem Set zu bezahlen, wenn du eigentlich schon eines besitzt.

Die Lagerung: Gin richtig aufbewahren

Ein Mindesthaltbarkeitsdatum für Gin gibt es nicht. Das liegt daran, dass der hohe Alkoholgehalt kein Ausbreiten von Bakterien und Keimen zulässt. Zwar kann sich der Geschmack über die Jahre hinweg durch Oxidation, also durch den Kontakt der Flüssigkeit mit Sauerstoff, verändern, schlecht wird Gin aber nicht. Prinzipiell hält sich der Schnaps also ewig - immer vorausgesetzt, er wird richtig gelagert. Bei der Lagerung müssen die folgenden Aspekte berücksichtigt werden:

✓ *Die Füllmenge*

Wenn du deinen Gin abfüllst, solltest du die Flasche ruhig bis in den Flaschenhals hinein füllen. So bleibt die Angriffsfläche für Sauerstoff gering. Dabei muss darauf geachtet werden, dass Korken und Schnaps nicht in Kontakt stehen.

✓ *Die Temperatur*

Während Wärme die Oxidation verstärkt, sorgt Kälte dafür, dass sich die Aromen nicht mehr frei entfalten können. Beim Gin ist im Hinblick auf die Temperatur also ein Mittelmaß gefragt. Im Kühlschrank oder gar in der Gefriertruhe wird es dem Schnaps eindeutig zu kalt. Ideal eignen sich Keller oder Räume, die nicht als Wohnraum genutzt werden und in denen Temperaturen zwischen 10°C und 20°C vorherrschen.

✓ Die Lichtverhältnisse

Ein Wacholderschnaps ist unbedingt dunkel zu lagern. Lichteinstrahlung - ganz egal ob Sonnenlicht oder Neonröhre - sollte zugunsten einer minimierten Verdunstung vermieden werden.

✓ Die Position

Im Gegensatz zu Wein und Schaumweinen, wird Gin stehend gelagert. Warum? Ganz einfach: Liegt die Flasche, reicht der Schnaps oft bis zum Korken. Über die Zeit gibt der Korken sein Aroma an die Spirituose ab und verfälscht deren Geschmack.

✓ Der Verschluss

Eigentlich versteht sich von selbst, dass die Flaschen gut verschlossen sein sollten. Andernfalls gelangt laufend Sauerstoff hinein und die Oxidation kennt kaum noch Grenzen. Ideal eignen sich Flaschen mit Naturkorken, da sich diese der Öffnung des Flaschenhalses perfekt anpassen und das Gefäß somit nahezu luftdicht verschließen.

Tipps und Tricks: Gin richtig genießen

Irgendwann ist es soweit: du hältst deine erste Flasche selbstgemachten Gin in der Hand und kannst es wahrscheinlich kaum erwarten, davon zu probieren. Damit der Konsum zum wahren Genusserlebnis wird, solltest du diese Tipps beherzigen:

✓ *Die richtige Trinktemperatur*

Damit sich die Aromen entfalten können, darf Gin nicht zu warm, aber auch nicht zu kalt getrunken werden. Ist das Getränk zu kalt, haben die Aromen keinen "Raum zum Atmen", ist es dagegen zu warm, tritt der Alkoholgeschmack zu stark hervor. Die ideale Trinktemperatur liegt bei den meisten Gins zwischen 13°C und 17°C. Nur Reserve Gins werden mit 18°C bis 20°C serviert. Bei höheren Temperaturen lassen sich die holzigen Aromen, die von den Lagerfässern stammen, nämlich besser schmecken.

✓ *Das Glas*

Welches Glas zu verwenden ist, hängt ganz davon ab, wie der Gin getrunken wird. Für den puren Genuss eigenen sich Tasting oder Nosing Gläser besonders gut. Diese Gläser haben in der Regel einen langen Stiel und ein bauchiges Glas, das nach oben hin deutlich schmaler wird und in einer kleinen Öffnung mündet. Durch den Stiel, an dem das Glas gehalten werden kann, überträgt sich kaum Körperwärme auf das Getränk. Im Bauch des Glases können sich die Aromen entfalten, aufgrund der kleinen Öffnung verflüchtigen sie sich aber nur langsam. Für Gin Tonic kommen unter anderem Tumbler infrage, wie man sie von Whiskytrinkern kennt. Aber auch Copa Gläser sind geeignet. Sobald gemixt wird, benötigt man logischerweise mehr Raum, sodass sich Longdrinkgläser anbieten. Besonders erfrischend wird der Genuss, wenn das Glas zuvor mindestens dreißig Minuten im Kühlschrank verbracht hat.

✓ *Das Manko der Eiswürfel*

Vor allem im Sommer dürfen Eiswürfel in Getränken eigentlich nicht fehlen. Leider bringen sie einen großen Nachteil mit sich: trinkt man das Glas nicht zügig aus, verwässern sie den Schnaps und berauben ihn somit seiner geschmacklichen Intensität. Eine gute Alternative stellen Kühlsteine, die meist als Whiskysteine vertrieben werden, dar. Dabei handelt es sich um Würfel aus Granit, Speckstein oder Edelstahl, die, genau wie Eiswürfel, im Gefrierfach verstaut werden. Sie kühlen das Getränk, ohne dabei Wasser abzugeben.

✓ *Ergänzungen*

Eine Zeit lang wurde Gin grundsätzlich mit einer Gurkenscheibe serviert. Heute ist allerdings bekannt, dass die Gurke absolut nicht zu jedem Gin passt. Kleine Ergänzungen können das Getränk aber dennoch wunderbar abrunden. Hier empfiehlt es sich, verschiedenes auszuprobieren. Infrage kommen beispielsweise Zitronen-, Limetten- und Orangenscheiben, sowie Ingwerstücke, Kardamomkapseln und Minzzweige.

✓ *Mixen macht Freude*

So mancher Kenner behauptet, Gin sei nur pur wirklich zu genießen. Möchte man das Geschmacksprofil des Schnapses in seinem Facettenreichtum deutlich schmecken, stimmt das auch. Andernfalls lässt sich Gin aber wunderbar mixen und in zahlreichen Cocktails einsetzen. Zur Abwechslung bietet es sich also an, mit Mischungen zu experimentieren und den Gin nicht ausschließloch pur zu trinken.

✓ Wählerisch sein

Je mehr Erfahrung du im Umgang mit Gin sammelst, desto leichter wird es dir fallen, "Fusel" direkt zu erkennen. Mit solch minderwertigen Bränden solltest du deine Zeit nicht vergeuden. Sei ruhig wählerisch und widme dich guten, qualitätsvollen Gins, die deiner Aufmerksamkeit würdig sind und ein angenehmes Geschmackserlebnis liefern können.

✓ Zeit nehmen

Ein guter Gin wird nicht einfach so hinter die Binde gekippt. Damit du ihn wirklich genießen kannst, musst du ihn schätzen und dir die Zeit nehmen, ihn Schluck für Schluck zu trinken. Nur dann kannst du die Vielfalt an Aromen schmecken, dich mit dem Mundgefühl beschäftigen und deine Sinne schärfen.

Cocktails mit Gin: das beliebteste Zubehör

Gin macht sich hervorragend in Cocktails unterschiedlichster Art. Zu den beliebtesten und bekanntesten Cocktails mit Wacholderschnaps gehören der Basil Smash, der Dry Martini und der Tom Collins. Beim Zubereiten schmackhafter Cocktails kannst du dich von verschiedenem Zubehör unterstützen lassen:

✓ *Shaker*

Genau wie James Bond, solltest du viele Cocktails à la "geschüttelt, nicht gerührt" zubereiten. Besonders bei Zutaten, die sich nur schwer verbinden, ist das Schütteln unumgänglich. Cocktail Shaker sind für genau diesen Zweck gedacht und erlauben das kräftige Schütteln, ohne dass es dabei zu einer riesigen Sauerei kommt.

✓ *Stirrer*

Ein Stirrer ist ein Rührstab, mit dem sich beispielsweise Sahne und Milch in Cocktails aufschäumen lassen.

✓ *Barlöffel*

Ein Barlöffel ist ein Löffel mit besonders langem Stiel. Mit ihm können Cocktails schnell verrührt werden.

✓ *Barsieb*

Möchtest du Rückstände oder grobere Bestandteile einer Zutat - zum Beispiel die Fruchtzellen im frisch gepressten Zitronensaft - zurückhalten, brauchst du ein Barsieb. Das Utensil, das meist aus Edelstahl besteht, kann auf Gläser oder in einem Shaker eingesetzt werden.

✓ *Messbecher*

Damit du die flüssigen Zutaten in der erforderlichen Menge hinzugeben kannst, benötigst du einen Messbecher, der idealerweise über Centiliter Angaben verfügen sollte.

✓ *Stösel*

Ein Stösel ist oft aus Holz, Porzellan oder Edelstahl gefertigt und vereinfacht das Zerquetschen und damit die Aromafreigabe von Früchten und Kräutern, die nicht püriert oder als Saft in den Cocktail gehören. Klassischerweise werden damit beispielsweise Limetten beim Caipirinha oder Minzblätter beim Mojito zerkleinert.

✓ *Gläser*

Selbstverständlich brauchst du auch Gläser, in denen du deine Cocktails stilvoll servieren kannst. Je nach Art des Cocktails, bieten sich Tumbler, Longdrink- und Martinigläser oder Cocktailschalen an.

✓ *Zestenreißer*

Ein Zestenreißer ist eine Art Obstschäler, mit der sich die oberste Schicht der Schale von Früchten, zum Beispiel von Orangen und Zitronen, abtrennen lässt, ohne dass die darunterliegende, weiße Schicht mit abgelöst wird. Das ist hauptsächlich nützlich, weil die tiefer liegenden Schichten viele Bitterstoffe enthalten, die in den meisten Cocktails fehl am Platze sind. Mit einem hochwertigen Zestenreißer lassen sich feine Spiralen abschälen, die dekorativ eingesetzt werden können und nebenbei das Aroma eines Cocktails bereichern.

Hinweise zu den Rezepten

Bevor wir zu den Rezepten kommen, noch einige Hinweise, damit alle wichtigen Dinge im voraus geklärt sind:

Keine Fotos zu den einzelnen Rezepten?

Bevor es Kritik hagelt, weil es keine Bilder zu den einzelnen Rezepten gibt, eine kurze Erklärung weshalb dies so ist. Rezeptbücher kennt man eigentlich nur mit Bildern. Wunderschöne Bilder, die einen zum Nachmachen animieren sollen und schließlich isst das Auge auch mit. Allerdings sind diese Bücher meist schwer und unhandlich. Darüber hinaus kosten Bilder Geld, treiben die Druckkosten in die Höhe und verbrauchen viel Platz. Das treibt den Preis des Kochbuchs in die Höhe und so muss der Kunde schnell deutlich über 20€ oder mehr bezahlen. Für diesen hohen Preis erhält man meist aber nicht einmal annähernd so eine große Rezeptvielfalt. Außerdem sehen die wenigsten Drinks nach dem Kochen genauso schön aus wie auf den Bildern - diese wurden schließlich aufwendig präpariert und bearbeitet. Letztendlich aber auch irrelevant, da es hauptsächlich schmecken soll und ohnehin meist nach kurzer Zeit ausgetrunken ist.

Zudem werden teure Rezeptbücher erfahrungsgemäß eher selten verwendet, da sie uns zu schade sind und im regelmäßigen Gebrauch schnell mal schmutzig werden. Sie könnten dreckig oder anderweitig verunstaltet werden.

Dieses umfassende Rezeptbuch kommt ganz ohne Bilder aus, dies ermöglicht ein praktisches Taschenbuchformat – das spart enorm viel Platz, Papier, Druckosten und somit sparst auch du viel Geld. Dieses Buch ist sehr handlich und findet dadurch überall Platz. Es ist nicht schlimm, wenn Saft- oder Wasserspritzer auf dem Buch landen - es ist einem nicht zu schade, um benutzt zu werden und es kostet keine 20€ (inklusive Versand!). Jedes Rezept ist detailliert beschrieben, somit ist die eigene Zubereitung super einfach. Zudem sind die Rezepte klar und verständlich strukturiert und befinden sich jeweils auf einer Seite, das macht das hin und her blättern überflüssig.

Weitere Hinweise

- Alle Früchte, deren Schale oder Saft verwendet werden soll, sollten möglichst Bio-Qualität sein.
- Alle Produkte (vor allem Obst und Gemüse) sollten vor der Zubereitung gründlich, unter heißem Wasser, abgewaschen werden.
- Das heiße Abwaschen gilt für alle Zutaten außer Beeren, da diese sonst zu schnell matschig werden.

Explizit zu den folgenden Rezepten

In dem Kapitel „Tipps & Tricks: Gin richtig genießen“, hast du bereits erfahren was es beispielsweise mit den Gläsern oder Eiswürfeln auf sich hat. Damit du konkret in diesem Buch weißt, wie du mit diesen Faktoren umgehen kannst, im Folgenden eine genauere Erläuterung.

✓ *Die Gläser*

Es sind bewusst selten Glasarten angegeben. Da jeder eine andere Vorliebe hat und vor allem, da in jedem Haushalt andere Gläser vorhanden sind. Du sollst dich nicht dazu gezwungen sehen, dir extra bestimmte Gläser anzuschaffen. Dementsprechend kannst du frei entscheiden welches Glas du für welchen Gin Drink nutzen möchtest. Alternativ kannst du dich auch informieren welches Glas im klassischen Sinne genutzt wird und dich anhand dessen orientieren.

✓ *Die Eiswürfel*

Wie bereits schon erwähnt, können Eiswürfel deinen Gin verwässern. Das bedeutet also, dass du etwas an Geschmack einbüßt. Ein einziger Eiswürfel kann da schon viel ausmachen. In diesem Buch wirst du bei der Mehrheit der Rezepte Eiswürfel vorfinden. Dabei musst du jedoch unterscheiden zwischen den Eiswürfeln, die beim Shaken genutzt werden und denen, die später in dem Glas beim Gin Genuss zum Einsatz kommen. Die während des Shakens, solltest du für das kühle Ginerlebnis beibehalten. Allerdings kann es sinnvoll sein, in dem Glas auf die im vorherigen Kapitel erwähnten Alternativen zurückzugreifen, um eine Verwässerung zu vermeiden.

✓ Die Deko

Bei einigen Rezepten sind bereits Dekoideen, um deinen Gin Drink aufzupeppen, vorgegeben. Bei anderen jedoch nicht. Letztendlich kannst du frei entscheiden welche Deko du nutzen möchtest und an sich kannst du auch nichts falsch machen. Selbstverständlich passen einige Dinge besser und andere schlechter, aber auch hier ist es von deinem individuellen Geschmack abhängig und mit der Zeit bekommst du auch mehr Erfahrung und kannst das besser einschätzen.

An sich ist gern genutzte Deko beispielsweise, der Zuckerrand, die Zesten von Zitrone und Orange, Kirschen oder Oliven. Außerdem könnte es Gurke sein oder anderes Obst und Gemüse. Entweder nutzt du es am Glas deines Gin Drinks oder es kommt sogar in deinen Drink. Generell gilt, dass es deine eigene Entscheidung ist.

Fragen, die eventuell bei dir aufkommen

✓ Zum Gin

Bei nahezu allen Rezepten wirst du keine Angabe zu einer bestimmten Ginsorte finden. Dementsprechend kann bei dir dir Frage aufkommen, welche Sorte du nun idealerweise nutzen solltest. In dem vorherigen Kapitel zu den Sorten hast du bereits erfahren, was die jeweilige Sorte ausmacht. Das kann dir auf jeden Fall als Anhaltspunkt bei deiner Wahl dienen. Davon abgesehen ist es jedoch wieder sehr individuell. Dementsprechend solltest du diese Wahl anhand deiner Vorlieben und deines Geschmackes treffen.

✓ Zu den Bitter

Bei einigen Rezepten soll meist ein Dash Bitter(s) hinzugefügt werden. Bei einigen Rezepten ist diese Angabe auf eine Sorte präzisiert, bei anderen nicht. Deswegen an dieser Stelle eine kurze Erläuterung, welche Sorten es generell gibt und wodurch diese sich voneinander unterscheiden. So ist es dir anschließend möglich, selbst zu entscheiden, was du für deinen Gin Drink nutzt. Die Bitter sind, wie der Name es schon vermuten lässt, bitter in ihrem Geschmack und zusätzlich sehr intensiv. Die dabei genannte Sorte ist maßgeblich geschmacklich ausschlaggebend. Es gibt diverse fruchtige Bitter, wie beispielsweise mit Pfirsich oder Orange, aber auch süße mit Schokolade. Bekannteste:

- ✓ **Aromatic Bitter**
  Diese Sorte ist der Standart Bitter. Hierbei gibt es keine Hauptnote, die in eine bestimmte Richtung geht. Das Bitter ist lediglich dazu da, um einen leicht bitteren Geschmack mit in den Gin Drink hineinzubringen.
- ✓ **Orange Bitter**
  Wie der Name es vermuten lässt ist hierbei die Hauptnote Orange. Passt somit zu einer Vielzahl an Gin Drinks.
- ✓ **Celery Bitter**
  Hierbei ist die Hauptnote Sellerie. Klingt im ersten Moment gewöhnungsbedürftig, kann jedoch in einem Drink schmackhaft sein. Zu dem Sellerie gesellt sich die Zitrone und somit entsteht eine spannende Kombination, die jeden Drink einzigartig werden lässt.
- ✓ **Chocolate Bitter**
  Bei dieser Sorte Bitter steht die Süße im Vordergrund. So kann jeder Drink verfeinert werden mit einer einzigartigen Süße. Passt nicht zu jedem Gin Drink, dennoch ist es eine Sorte, die du dir zulegen solltest.

Einige Begriffe, die für Anfänger des Gin Genusses gegebenenfalls unbekannt sind:

- ✓ ***Zesten:*** Unter Zesten versteht, man feine Stücke der Schale von Orange oder Zitrone. Damit kann man seine Gin Drinks verfeinern.
- ✓ ***Abseihen:*** Den Inhalt des Shakers durch ein Sieb in das Glas füllen. So bleibt das Eis und andere Zutaten, die letztendlich nicht in dem fertigen Gin Drink enthalten sein sollen, in dem Sieb.
- ✓ ***Dash:*** Spritzer oder Schuss, meistens bei dem Verwenden von Bitter genutzt. Eine Menge von wenigen Milliliter.

Die genutzte Mengenangabe ist CL: 1 CL = 10 ML

Klassiker

Gimlet

DAUER 13 min	MENGE 1

Zutaten

- 6 CL Gin
- 4 CL Lime Juice
- 0,5 CL Limettensaft

Zubereitung

- Die Limette heiß abwaschen, etwas Schale abreiben, halbieren und dann 0,5 CL Limettensaft in einen Shaker geben.
- Den Gin und den Lime Juice hinzugeben.
- Nun mit Eiswürfeln auffüllen und für etwa 10 Minuten shaken. In eine Martinischale füllen und servieren.

French 75

DAUER 5 min	MENGE 1

Zutaten

- 10 CL Champagner
- 3 CL Gin
- 2 CL Zitronensaft
- 1 CL Zuckersirup

Zubereitung

- Zunächst den Gin mit dem Zitronensaft und Zuckersirup in einem Shaker vermengen. Gründlich schütteln.
- Das Eis abseihen und dann die Mischung mit Champagner auffüllen.
- Nach Belieben mit einer Cocktailkirsche dekorieren.

Martinez

DAUER	6 min	MENGE	1

Zutaten

- 6 CL Wermut (süß)
- 4 CL Gin (dry)
- 0,75 CL Maraschino
- 0,16 CL Angostura Bitter
- Eiswürfel

Zubereitung

- Einige Eiswürfel in einen Shaker geben. Den Gin, den Wermut und den Marashino hinzufügen.
- Dann den Angostura Bitter ergänzen und für etwa 4 Minuten shaken.
- Anschließend in ein Glas abseihen und genießen.

Bees Knees

DAUER	5 min	MENGE	1

Zutaten

- 6 CL Gin
- 3 TL Honig
- 2 CL Zitronensaft

Zubereitung

- Zuerst den Gin in einen Shaker geben. Den Honig hinzufügen und dann miteinander vermengen, bis der Honig sich aufgelöst hat.
- Nun den Zitronensaft und das Eis dazugeben und gründlich shaken.
- Durch ein Sieb abseihen und nach Belieben dekorieren.

Aviation

DAUER 5 min

MENGE 1

Zutaten

- 5 CL Gin
- 1,5 CL Maraschino
- 1,5 CL Zitronensaft
- 1 CL Soda
- 1 CL Crème de Violette

Zubereitung

- Als Erstes den Rand des Glases mit etwas Zitronensaft einreiben und dann zuckern.
- Danach alle Zutaten in einen Shaker geben und gründlich miteinander vermengen. Zu guter Letzt in das Glas abseihen.

Monkey Gland

DAUER 7 min

MENGE 1

Zutaten

- 5 CL Gin
- 3 CL Orangensaft (frisch)
- 1 CL Grenadine Sirup
- 1 Dash Absinth
- 1 Orangenspirale
- Zucker

Zubereitung

- Zuerst den Gin mit dem Orangensaft und dem Absinth in einen Shaker mit Eis geben. Miteinander vermengen. Den Rand des Glases mit Zucker versehen.
- Dann das Grenadine Sirup in das Glas geben und danach den Shakerinhalt in das Glas abseihen. Mit der Orangenspirale dekorieren.

The last Word

DAUER	5 min
MENGE	1

Zutaten

- 2 CL Gin
- 2 CL Chartreuse (grün)
- 2 CL Maraschino
- 2 CL Limettensaft

Zubereitung

- Zuerst die Limette heiß abwaschen und dann 2 CL auspressen und in einen Shaker geben. Den Gin, den Chartreuse und Maraschino hinzufügen.
- Das Eis dazugeben, alles gründlich shaken, abseihen und servieren.

Bronx

DAUER	5 min
MENGE	1

Zutaten

- 2 CL Orangensaft
- 2 CL Gin
- 1 CL Wermut (weiß)
- 1 CL Wermut (trocken)
- Eiswürfel

Zubereitung

- Als Erstes alle flüssigen Zutaten in einem Shaker miteinander vermengen.
- Dann die Eiswürfel hinzufügen. Vermengen und dann in ein Glas geben. Nach Belieben mit einigen Orangenstücken garnieren.

White Lady

DAUER 3 min

MENGE 1

Zutaten

- 4 CL Gin
- 2 CL Cointreau
- 2 CL Zitronensaft (frisch)

Zubereitung

- Zunächst den Gin mit dem Cointreau in den Shaker geben.
- Die Zitrone halbieren und auspressen. Dann ebenfalls in den Shaker geben und alles miteinander vermengen.
- In ein Glas füllen und nach Belieben mit etwas Schale garnieren.

Dry Martini

DAUER 6 min

MENGE 1

Zutaten

- 5 CL Gin
- 1 CL Wermut (trocken)
- 1 Olive
- Zitronenzesten
- Eiswürfel

Zubereitung

- Den Gin mit dem Wermut in einem Shaker vermischen. Die Eiswürfel hinzufügen und ebenfalls vermischen.
- In ein Martiniglas geben. Mit der Olive und einigen Zitronenzesten garnieren und servieren.

Southside Royal

DAUER 7 min

MENGE 1

Zutaten

- 6 CL Gin
- 2 CL Limettensaft
- 2 CL Zuckersirup
- Champagner
- Einige Minzblätter
- Eiswürfel

Zubereitung

- Die Minzblätter waschen und klein hacken. Mit dem Limettensaft und dem Zuckersirup in einem Shaker vermischen.
- Die Eiswürfel und den Gin hinzufügen. In ein Champagnerglas geben und mit dem Champagner auffüllen. Mit einem Minzblatt garnieren.

Red Snapper

DAUER 10 min

MENGE 1

Zutaten

- 12 CL Tomatensaft
- 5 CL Gin
- 1 CL Zitronensaft
- 1 CL Worcestersoße
- 2 Spritzer Tabasco
- Etwas Meersalz

Zubereitung

- Zuerst den Gin mit dem Zitronensaft in einem Shaker vermengen.
- Die Tabasco- und Worcestersoße hinzufügen. In ein Glas geben und miteinander verrühren. Eiswürfel hinzufügen.
- Mit dem Tomatensaft auffüllen und mit Meersalz verfeinern.

Vesper Martini

DAUER	5 min	MENGE	1

Zutaten

- ✦ 6 CL Gin
- ✦ 2 CL Wodka
- ✦ 1 CL Lilet Blanc
- ✦ Zitronenzesten
- ✦ Eiswürfel

Zubereitung

- Den Gin mit dem Wodka und dem Lilet Blanc in einen Shaker geben.
- Die Eiswürfel hinzufügen und mit shaken.
- In ein Martiniglas abseilen und mit den Zitronenzesten garnieren.

Negeroni

DAUER	8 min	MENGE	1

Zutaten

- ✦ 3 CL Gin
- ✦ 3 CL Campari
- ✦ 3 CL Wermut (rot)
- ✦ 1/2 Orange
- ✦ Eiswürfel

Zubereitung

- Zunächst etwas Schale der Orange abreiben.
- Den Gin mit dem Campari und Wermut in einen Shaker geben. Die Eiswürfel hinzufügen und dann weiter durchmischen.
- In ein Glas abseihen und mit den Orangenzesten garnieren.

Gin Tonic

DAUER 5 min

MENGE 1

Zutaten

- 25 CL Tonic Water
- 6 CL Gin
- Eiswürfel

Zubereitung

- Zunächst die großen Eiswürfel in ein großes Glas geben, bis das Glas vollständig gefüllt ist.
- Dann den Gin darüber geben und mit dem Tonic Water auffüllen.

Crusta

DAUER 7 min

MENGE 1

Zutaten

- 6 CL Gin
- 2 CL Marashino Likör
- 2 CL Zitronensaft
- 1 Dash Bitter

Zubereitung

- Die Schale der Zitrone abschälen, sodass eine Spirale entsteht.
- Alle flüssigen Zutaten in einen Shaker geben. In ein Weißweinglas ein paar Eiswürfel geben und dann den Shakerinhalt abseihen.
- Mit der Zitronenspirale garnieren und servieren.

Old Fashioned

DAUER 10 min

MENGE 1

Zutaten

- 6 CL Gin
- 1 TL Zucker
- 1 Dash Bitter (Angostura)
- Soda
- Etwas Orange

Zubereitung

- Etwas Schale der Orange spiralförmig schälen. Den Gin und das Bitter miteinander vermengen. Den Zucker einrühren.
- Dann gemeinsam mit etwas Orange in einem Glas vermengen und mit dem Soda auffüllen. Mit der Orangenspirale garnieren.

Gin Sour

DAUER 5 min

MENGE 1

Zutaten

- 10 CL Soda
- 5 CL Gin
- 3 CL Zitronensaft
- 2 CL Zuckersirup
- Eiswürfel

Zubereitung

- Die Eiswürfel in einen Shaker geben. Den Gin, den Zitronensaft und den Zuckersirup hinzufügen und alles miteinander vermengen.
- In ein mittleres Glas abseihen, dabei darauf achten, dass keine Eiswürfel in das Glas gelangen. Mit dem Soda auffüllen.

Money Glad

DAUER	8 min	MENGE	1

Zutaten

- 6 CL Gin
- 3 CL Orangensaft (frisch)
- 1 CL Grenadine
- 1 Dash Absinth
- Eiswürfel

Zubereitung

- Von der Orange etwas Schale spiralförmig entfernen.
- Grenadine, Gin, Orangensaft und Absinth in einen Shaker geben. Die Eiswürfel hinzufügen und miteinander vermengen.
- In ein Glas abseihen und mit der Orangenschale garnieren.

Dirty Martini

DAUER	5 min	MENGE	1

Zutaten

- 6 CL Gin
- 1 CL Wermut (trocken)
- 1 CL Olivensaft
- 2 Oliven (grün)
- Eiswürfel

Zubereitung

- Den Gin mit dem Wermut und dem Olivensaft in einen Shaker geben und miteinander vermengen.
- Die Eiswürfel hinzufügen und danach in ein Martiniglas abseihen. Mit den Oliven garnieren.

Setting Sun

DAUER 5 min

MENGE 1

Zutaten

- 5 CL Gin
- 5 CL Orangensaft
- 3 CL Zitronensaft
- 1 TL Grenadine
- Eiswürfel

Zubereitung

- Den Gin mit dem Orangensaft und dem Zitronensaft in einen Shaker geben und miteinander vermengen.
- Die Eiswürfel hinzufügen und danach in ein Glas abseihen.
- Vor dem Servieren das Grenadinesirup einrühren.

Bulldog

DAUER 10 min

MENGE 1

Zutaten

- 4 CL Gin
- 2 CL Orangensaft (frisch)
- 1 Orangenscheibe
- Ginger Ale
- Eiswürfel

Zubereitung

- Den Gin mit dem Orangensaft vermengen.
- Die Eiswürfel in ein Scotchglas geben. Den Shakerinhalt dazugeben und dann mit dem Ginger Ale auffüllen.
- Mit der Orangenscheibe garnieren und servieren.

Manhatten

DAUER 5 min

MENGE 1

Zutaten

- 4 CL Gin
- 2 CL Wermut
- 1 Dash Bitter (Angostura)
- 1 Cocktailkirsche

Zubereitung

- Den Gin mit dem Wermut in einen Shaker geben. Den Dash Bitter dazugeben und dann gründlich miteinander vermengen.
- In ein Glas abseihen und mit der Cocktailkirsche garnieren.

Gin Fizz

DAUER 10 min

MENGE 1

Zutaten

- 5 CL Gin
- 3 CL Zitronensaft
- 2 CL Zuckersirup
- Soda
- Etwas Zitronenschale

Zubereitung

- Zunächst die Schale der Zitrone spiralförmig abschälen.
- Den Gin mit dem Zitronensaft und dem Zuckersirup in einen Shaker geben. Shaken und anschließend in ein Glas abseihen.
- Mit dem Soda auffüllen und mit der Zitronenschale garnieren.

Daiquiri

DAUER 8 min

MENGE 1

Zutaten

- 4 CL Gin (trocken)
- 1 CL Maraschino
- 1 CL Zitronensaft
- 1 Maraschinokirsche
- Eiswürfel

Zubereitung

- Den Gin mit dem Marashino und dem Zitronensaft in einen Shaker geben.
- Die Eiswürfel hinzufügen, shaken und danach in ein Glas abseihen. Mit der Kirsche garnieren und servieren.

Julep

DAUER 6 min

MENGE 1

Zutaten

- 6 CL Gin
- 3 CL Limettensaft
- 3 CL Curacao
- 1 Dash Soda
- Etwas Minzblätter
- Crushed Eis

Zubereitung

- Den Gin, den Limettensaft, den Curacao und das Soda in den Shaker geben und gründlich miteinander vermengen.
- Crushed Eis in ein Glas geben und dann den Shakerinhalt hinzugeben. Mit Minze garnieren.

Gintails

Lime White

DAUER 10 min

MENGE 1

Zutaten

- 6 CL Gin
- 3 Dash Soda
- 2 CL Orangensaft
- 2 CL Sahne
- 2 CL Limettensaft
- 1 Eiweiß

Zubereitung

- Das Eiweiß verquirlen und dann gemeinsam mit den anderen Zutaten, abgesehen von dem Soda, in einen Shaker geben. Miteinander vermischen.
- In ein Glas mit Eiswürfeln geben und mit dem Soda auffüllen.

Green Lemon

DAUER 10 min

MENGE 1

Zutaten

- 4 CL Wermut (rot)
- 2 CL Gin
- 1 CL Curacao
- 1 TL Zitronensaft
- 1 Zitronenscheibe
- Eiswürfel

Zubereitung

- Den Gin mit dem Zitronensaft und 2 Eiswürfeln in einen Shaker geben.
- Den Wermut und den Curacao hinzufügen, shaken und dann in ein Glas abseihen. Mit der Zitronenscheibe garnieren.

Blue Champaign

DAUER 6 min

MENGE 1

Zutaten

- 2 CL Gin
- 2 CL Curacao
- 2 CL Zitronensaft
- Etwas Sekt/ Champagner
- Eiswürfel

Zubereitung

- Den Gin mit dem Zitronensaft und dem Curacao in einen Shaker geben. Gründlich schütteln, bis alle Zutaten vermengt sind.
- Die Eiswürfel in ein Champagnerglas geben. Mit dem Shakerinhalt ergänzen und dem Sekt/ Champagner auffüllen.

Till the End

DAUER 5 min

MENGE 1

Zutaten

- 4 CL Gin
- 4 CL Wodka
- 4 CL Tequila
- 2 CL Amaretto
- 2 CL Limettensaft
- Eiswürfel

Zubereitung

- Den Gin mit dem Wodka und dem Tequila in einen Shaker geben.
- Den Amaretto und den Limettensaft hinzufügen. Schütteln.
- Ein großes Glas mit Eiswürfeln voll füllen und dann mit dem Inhalt des Shakers auffüllen.

Nordic Cocktail

DAUER	8 min	MENGE	1

Zutaten

- 4 CL Gin
- 2 CL Chartreuse (gelb)
- 1 Dash Bitter (Orange)
- Eiswürfel

Zubereitung

- Den Gin mit dem Chartreuse und dem Dash Orange Bitter in einen Shaker geben. Gründlich miteinander vermengen.
- Eiswürfel in ein Glas geben und dann den Inhalt des Shakers abseihen.

Sweet-Bitter

DAUER	10 min	MENGE	1

Zutaten

- 6 CL Orangensaft
- 2 CL Gin
- 2 CL Cointreau
- 1 Dash Bitter (Cinzano)
- Eiswürfel

Zubereitung

- Den Gin mit dem Orangensaft und dem Cointreau in einen Shaker geben. Den Dash Bitter hinzufügen.
- Die Eiswürfel hinzufügen, shaken und dann in ein Glas abseihen.

Grüne Zitrone

DAUER 10 min

MENGE 1

Zutaten

- ✦ 10 CL Soda
- ✦ 2 CL Gin
- ✦ 1 CL Zitronensaft
- ✦ 1 CL Zuckersirup
- ✦ 1 CL Crème de Menthe (grün)
- ✦ Eiswürfel

Zubereitung

- Den Gin mit dem Zitronensaft, dem Zuckersirup und der Crème de Menthe in einen Shaker geben. Gründlich schütteln.
- Die Eiswürfel in ein Glas geben. Den Inhalt des Shakers abseihen und dann mit dem Soda auffüllen.

Who the F*** is Alice

DAUER 10 min

MENGE 1

Zutaten

- ✦ 3 CL Grand Marnier
- ✦ 2 CL Gin
- ✦ 2 CL Wermut (trocken)
- ✦ 1 CL Wermut (rot)
- ✦ 1 Dash Bitter (Angostura)

Zubereitung

- Den Gin mit den beiden Sorten Wermut in einen Shaker geben. Mit dem Grand Marnier und dem Dash Bitter abrunden und gründlich miteinander vermengen.
- Danach in ein Glas abseihen und genießen.

Zaruba

DAUER	10 min

MENGE	1

Zutaten

- 6 CL Gin
- 3 CL Zitronensaft
- 1 CL Curacao (Triple Sec)
- 1 CL Mandelsirup
- 1 Eiweiß
- Eiswürfel

Zubereitung

- Zunächst das Eiweiß etwas verquirlen. Dann gemeinsam mit den anderen flüssigen Zutaten in einen Shaker geben.
- Die Eiswürfel hinzufügen, shaken und danach in ein Glas abseihen.

Red Velvet

DAUER	10 min

MENGE	1

Zutaten

- 3 CL Gin
- 2 CL Wermut (trocken)
- 1 CL Grenadinesirup
- 10g Zucker
- 1 Zitrone
- Eiswürfel

Zubereitung

- Zunächst von der Zitrone spiralförmig etwas Schale entfernen. Anschließend den Gin mit dem Wermut und dem Grenadinesirup in einen Shaker geben.
- Den Saft der Zitrone und den Zucker hinzufügen und schütteln. Danach in ein Glas abseihen und mit der Zitronenschale garnieren.

Whispering Cocktail

DAUER	5 min	MENGE	1

Zutaten

- 6 CL Sekt
- 2 CL Cointreau
- 2 CL Gin
- 2 CL Wermut (bianco)
- Eiswürfel

Zubereitung

- Den Cointreau, den Gin und den Wermut in einen Shaker geben. Die Eiswürfel hinzufügen. Gründlich miteinander vermengen.
- Dann in ein Glas abseihen und mit dem Sekt auffüllen.

Red Vermouth

DAUER	8 min	MENGE	1

Zutaten

- 2 CL Gin
- 2 CL Rum (hell)
- 2 CL Vermouth (dry & rosso)
- 1 CL Grenadinesirup
- 1 CL Orangensaft
- Eiswürfel

Zubereitung

- Alle flüssigen Zutaten in einen Shaker geben. Die Eiswürfel hinzufügen, vermischen und dann in ein Glas abseihen.
- Nach Belieben mit etwas Orangenschale garnieren.

Red Zitrus

DAUER 7 min

MENGE 1

Zutaten

- 10 CL Bitter Lemon
- 5 CL Gin
- 4 CL Orangensaft
- 2 CL Zitronensaft
- 1 CL Grenadinesirup
- Eiswürfel

Zubereitung

- In einen Shaker den Gin, den Orangensaft, den Zitronensaft und das Grenadinesirup geben.
- Die Eiswürfel in ein Glas gaben. Den Inhalt des Shakers in das Glas abseihen und dann mit dem Bitter Lemon aufgießen.

All with Zitrus

DAUER 10 min

MENGE 1

Zutaten

- 3 CL Bourbon Whiskey
- 3 CL Gin
- 2 CL Zitronensaft
- 2 CL Orangensaft
- 1 EL Apricot Brandy
- 1 Eigelb

Zubereitung

- Das Eigelb verquirlen. Dann gemeinsam mit den anderen Zutaten in einen Shaker geben.
- Anschließend in ein Glas abseihen und nach Belieben mit etwas Zitronenschale garnieren.

The Bitter One

DAUER	5 min
MENGE	1

Zutaten

- 2 CL Gin
- 2 CL Wermut (dry)
- 2 CL Wermut (rosso)
- 2 CL Sherry (medium dry)
- 1 Dash Bitter (Orange)
- Eiswürfel

Zubereitung

- Den Gin mit den beiden Wermut Sorten und dem Sherry in einen Shaker geben.
- Die Eiswürfel und den Dash hinzufügen und anschließend in ein Glas abseihen.

Cold Venetian

DAUER	7 min
MENGE	1

Zutaten

- 3 CL Gin
- 1 CL Campari
- 1 CL Grand Marnier
- 1 CL Wermut (trocken)
- Eiswürfel

Zubereitung

- Den Gin gemeinsam mit dem Campari, dem Grand Mariner und dem Wermut in einen Shaker geben. Die Eiswürfel hinzufügen.
- Anschließend in einen Tumbler mit Eiswürfel abseihen.

Sundowner

DAUER	5 min	MENGE	1

Zutaten

- 3 CL Gin
- 2 CL Wermut (rot)
- 1 CL Crème de Cacao (hell)
- Eiswürfel

Zubereitung

- Den Gin mit dem Wermut in einen Shaker geben und vermengen. Die Crème de Cacao hinzugeben.
- Zu guter Letzt die Eiswürfel hinzufügen und dann in ein Glas abseihen.

Imperial

DAUER	5 min	MENGE	1

Zutaten

- 3 CL Gin
- 3 CL Wermut (trocken)
- 1 CL Maraschino
- 1 Dash Bitter (Angostura)
- Eiswürfel

Zubereitung

- Als Erstes den Gin mit dem Wermut in einen Shaker geben. Den Maraschino und den Dash Bitter hinzufügen.
- Die Eiswürfel hinzugeben und dann in ein Glas abseihen.

Adam & Eva

DAUER 5 min

MENGE 1

Zutaten

- ✦ 2 CL Gin
- ✦ 2 CL Amaretto
- ✦ 2 CL Drambuie
- ✦ 1 CL Zitronensaft
- ✦ 1 Dash Grenadine

Zubereitung

- Den Gin mit dem Amaretto und dem Drambuie in einen Shaker geben. Den Zitronensaft und den Dash Grenadine hinzufügen.
- Gut miteinander vermengen und danach in ein Glas abseihen.

Red Greenie

DAUER 8 min

MENGE 1

Zutaten

- ✦ 5 CL Gin
- ✦ 1 CL Wermut (dry)
- ✦ 1 CL Limettensirup
- ✦ 1 CL Grenadinesirup
- ✦ 1 Limettenscheibe
- ✦ Eiswürfel

Zubereitung

- Den Gin mit dem Wermut in einen Shaker geben. Die Eiswürfel und den Limettensirup ebenfalls dazugeben und dann für einige Minuten mixen.
- Anschließend in ein Glas abseihen, den Grenadinesirup dazugeben und mit der Limettenscheibe dekorieren.

Fruchtige

Minziger Himbeertraum

DAUER 20 min

MENGE 1

Zutaten

- 4 CL Gin
- 3 CL Waldbeersaft
- 1 CL Zitronensaft
- 50g Himbeeren (frisch)
- 10 Minzblätter
- 1/2 Päckchen Vanillezucker

Zubereitung

- Als Erstes die Minzblätter waschen, klein hacken und dann in dem Zitronensaft für etwa 10 Minuten ziehen lassen.
- Die Himbeeren ebenfalls waschen und zerdrücken. Dann gemeinsam mit den anderen Zutaten in einen Shaker geben und vermengen. Nach Belieben in ein Glas abseihen oder so in ein Glas geben.

Fresher

DAUER 10 min

MENGE 1

Zutaten

- 5 CL Gin
- 2 CL Holunderlikör
- 1 CL Zitronensaft
- 10g Gurke
- 10 Minzblätter
- Cider Beer

Zubereitung

- Zuerst die Gurke und die Minze abwaschen und anschließend zerkleinern. Dann gemeinsam mit dem Gin, dem Holunderlikör, und dem Zitronensaft in einen Shaker geben.
- Danach in ein Glas abseihen und mit dem Cider Beer auffüllen. Nach Belieben mit einigen Minzblättern garnieren.

Orangita

DAUER 10 min

MENGE 1

Zutaten

- 6 CL Orangensaft
- 2 CL Gin
- 2 CL Cognac
- 1 Dash Orangenlikör
- 1 Orangenspirale
- Eiswürfel

Zubereitung

- Den Orangensaft mit dem Gin, dem Cognac und dem Orangenlikör in einen Shaker geben.
- In ein Glas 2 Eiswürfel geben und dann den Shakerinhalt hineingeben. Mit der Orangenspirale garnieren und genießen.

Cherry Lady

DAUER 10 min

MENGE 1

Zutaten

- 6 CL Gin
- 3 CL Zitronensaft (frisch)
- 3 CL Kirschlikör
- 2 CL Soda
- 2 CL Zuckersirup
- Eiswürfel

Zubereitung

- Zunächst den Gin, den Zitronensaft und den Kirschlikör in einen Shaker geben. Den Zuckersirup hinzufügen.
- In ein Glas 3 Eiswürfel geben. Den Shakerinhalt in das Glas abseihen und dann mit dem Soda auffüllen.

Citrus Amaretto

DAUER 7 min

MENGE 1

Zutaten

- 4 CL Orangesaft (frisch)
- 3 CL Gin
- 2 CL Zitronensaft (frisch)
- 1 CL Amaretto
- 1 Zitronenschalenspirale
- Eiswürfel

Zubereitung

- Als Erstes den Zitronensaft, den Orangensaft, den Amaretto und den Gin in einen Shaker geben.
- Einige Eiswürfel in ein Glas geben, den Inhalt des Shakers hineingeben und danach mit der Zitronenspirale garnieren.

Strawberry Lime

DAUER 10 min

MENGE 1

Zutaten

- 4 CL Gin
- 2 CL Erdbeersirup
- 1 CL Limettensaft
- 2 Erdbeeren
- Soda
- Eiswürfel

Zubereitung

- Den Gin, den Erdbeersirup und den Limettensaft in einem Shaker miteinander vermengen.
- Ein paar Eiswürfel in ein Glas geben. Den Shakerinhalt in das Glas geben und dann mit dem Sodawasser auffüllen. Die Erdbeeren waschen und den Gin Cocktail damit garnieren.

Frizzy Ananas

DAUER	5 min	MENGE	1

Zutaten

- 4 CL Gin
- 2 CL Ananassaft
- 2 CL Zuckersirup
- 1 CL Zitronensaft (frisch)
- 2 Stücke Ananas
- Soda

Zubereitung

- Zuerst den Gin mit dem Ananassaft, dem Zuckersirup und dem Zitronensaft in einen Shaker geben.
- Anschließend in ein Glas geben, einen Schuss Soda dazugeben und dann nach Belieben mit den Ananasstücken garnieren.

Taste of Aprikose

DAUER	10 min	MENGE	1

Zutaten

- 3 CL Gin
- 2 CL Maracujanektar
- 2 CL Aprikosennektar
- 1 CL Brandy (Apricot)
- 2 Spalten Aprikose
- Eiswürfel

Zubereitung

- Die Eiswürfel in einen Shaker geben. Den Gin, die Nektar und den Brandy hinzufügen und gut miteinander vermengen.
- Nach Belieben einige Eiswürfel in ein Glas geben. Den Shakerinhalt in das Glas abseihen und mit den Aprikosenspalten garnieren.

Johannisbeeren Vergnügen

DAUER 10 min

MENGE 1

Zutaten

- 4 CL Gin
- 3 CL Melonensnaps
- 2 CL Zuckersirup
- Johannisbeersaft
- Soda
- Eiswürfel

Zubereitung

- Den Gin gemeinsam mit dem Melonensnaps und dem Zuckersirup in einen Shaker geben. Die Eiswürfel und etwa 2 CL des Johannisbeersaftes hinzufügen. Gründlich schütteln.
- Nach Belieben einige Eiswürfel in ein Glas geben, den Inhalt des Shakers hinzufügen und mit dem Soda auffüllen.

Blue Blood

DAUER 10 min

MENGE 1

Zutaten

- 3 CL Gin
- 2 CL Maracujasaft
- 2 CL Blue Curacao
- 4 Stücke Mango
- Eiswürfel

Zubereitung

- Als Erstes den Gin mit dem Maracujasaft in einen Shaker geben. Das Eis hinzufügen. Die Mango klein hacken, ausdrücken und ebenfalls dazugeben.
- Nach dem Vermengen in ein Glas abseihen und dann den Blue Curacao dazugeben.

Lime Sour

DAUER	7 min	MENGE	1

Zutaten

- ✦ 4 CL Gin
- ✦ 2 CL Orangensaft (frisch)
- ✦ 2 CL Limettensaft (frisch)
- ✦ 1 Limettenscheibe
- ✦ Soda
- ✦ Eiswürfel

Zubereitung

- Den Gin mit dem Orangensaft und dem Limettensaft in einen Shaker geben. Gründlich miteinander vermengen.

- Ein großes Glas mit Eiswürfeln füllen, den Inhalt des Shakers hineingeben. Dann mit dem Soda auffüllen und mit der Limettenscheibe garnieren.

Gelbe Kirsche

DAUER	10 min	MENGE	1

Zutaten

- ✦ 6 CL Gin
- ✦ 4 CL Chartreuse (gelb)
- ✦ 3 CL Brandy (Kirsche)
- ✦ 1 CL Zitronensaft (frisch)
- ✦ Eiswürfel

Zubereitung

- Zunächst die Eiswürfel in einen Shaker geben. Den Gin, den Chartreuse, den Brandy und den Zitronensaft hinzufügen und miteinander vermengen.

- Danach in ein Glas abseihen und nach Belieben mit einer Zitronenspirale garnieren.

Sweet Lime

DAUER 5 min

MENGE 1

Zutaten

- 6 CL Gin
- 3 CL Zitronensaft (frisch)
- 2 CL Ahornsirup
- 1 Dash Bitter (Orange)
- 1 Zitronenschalenspirale
- Eiswürfel

Zubereitung

- Die Eiswürfel in einen Shaker geben. Den Gin, den Zitronensaft, den Ahornsirup und den Dash Orange Bitter hinzufügen und gut schütteln.
- Anschließend in ein Glas abseihen und mit der Zitronenspirale garnieren.

Orange Bitter

DAUER 10 min

MENGE 1

Zutaten

- 4 CL Grapefruitsaft
- 3 CL Gin
- 3 CL Orangensaft (frisch)
- 2 CL Orangenlikör
- 1 Orangenschalenspirale
- Eiswürfel

Zubereitung

- Den Gin mit dem Grapefruitsaft, dem Orangensaft, dem Orangenlikör und einigen Eiswürfeln in einen Shaker geben.
- Nach dem gründlichen Schütteln in ein Glas abseihen. Nach Belieben einige Eiswürfel hinzufügen und dann mit der Orangenspirale garnieren.

Sunset Dream

DAUER	6 min	MENGE	1

Zutaten

- 3 CL Gin
- 2 CL Crème de Cassis
- 2 CL Ananassaft
- 1 Dash Orangensaft (frisch)
- 1 Dash Maracujasirup
- Eiswürfel

Zubereitung

- Alle Zutaten, abgesehen von der Crème de Cassis in einen Shaker geben. Einige Eiswürfel hinzufügen und dann miteinander vermischen.
- Die Crème de Cassis in ein Glas geben und anschließend den Inhalt des Shakers in das Glas geben. Nach Belieben garnieren.

Dream of Havana

DAUER	10 min	MENGE	1

Zutaten

- 4 CL Gin
- 3 CL Blue Curacao
- 3 CL Rum (weiß)
- 2 CL Zitronensaft (frisch)
- 1 CL Limettensaft (frisch)
- Almdudler

Zubereitung

- Zuerst den Gin mit dem Rum, dem Zitronensaft und dem Limettensaft in einen Shaker geben. Gründlich miteinander vermischen.
- Den Blue Curacao in ein Glas geben. Den Shakerinhalt hinzufügen und dann mit dem Almdudler auffüllen.

Dream of Bombay

DAUER	20 min
MENGE	**1**

Zutaten

- 6 CL Gin (Bombay Sapphire)
- 2 CL Limettensaft (frisch)
- 2 CL Zuckersirup (hell)
- 6 Kumquats
- 5 Minzblätter
- Eiswürfel

Zubereitung

- Zunächst die Kumquats waschen, halbieren und anschließend mithilfe eines Stößels ausdrücken. Die Minzblätter ebenfalls waschen, klein hacken und in dem Limettensaft für 10 Minuten ziehen lassen. Dann alle Zutaten in einen Shaker geben.
- In ein Glas abseihen und mit Minze oder Kumquats garnieren.

Bromberry

DAUER	10 min
MENGE	**1**

Zutaten

- 4 CL Gin
- 2 CL Zitronensaft
- 2 CL Brombeerlikör
- 1 CL Zuckersirup (dunkel)
- 5 Brombeeren
- Eiswürfel

Zubereitung

- Zuerst die Brombeeren abwaschen und dann in einem Shaker mit einem Stößel zerkleinern. Den Zitronensaft, den Gin, den Brombeerlikör und den Zuckersirup hinzufügen. Alles gründlich vermengen.
- Einige Eiswürfel in ein Glas geben und dann den Inhalt des Shakers darin abseihen.

Red Velvet

DAUER 5 min

MENGE 1

Zutaten

- 4 CL Gin
- 3 CL Ananassaft
- 2 CL Zitronensaft (frisch)
- 2 CL Crème de Mûre
- 2 CL Granatapfelsirup
- Eiswürfel

Zubereitung

- Als Erstes die Eiswürfel in einen Shaker geben. Alle weiteren Zutaten hinzufügen und gründlich miteinander vermischen.
- Danach 2 Eiswürfel in ein Glas geben und den Inhalt des Shakers darin abseihen.

Strong Fruity

DAUER 10 min

MENGE 1

Zutaten

- 4 CL Gin
- 3 CL Maracujanektar
- 3 CL Ananassaft
- 2 CL Triple Sec
- 1 CL Brandy (Apricot)
- Eiswürfel

Zubereitung

- Zunächst einige Eiswürfel in einen Shaker geben. Dann die anderen Zutaten hinzufügen und gründlich miteinander vermengen.
- Einige Eiswürfel in ein Glas geben und den Shakerinhalt darin abseihen. Nach Belieben mit einigen Früchten garnieren.

Blood Moon

DAUER 8 min

MENGE 1

Zutaten

- 4 CL Gin
- 2 CL Wermut (bianco)
- 2 CL Wermut (dry)
- 1 CL Erdbeerlikör
- 1 CL Brombeerlikör
- Eiswürfel

Zubereitung

- Zuerst die Eiswürfel in den Shaker geben. Anschließend alle weiteren flüssigen Komponenten hinzufügen und vermischen.
- Nach Belieben einige Eiswürfel in ein Glas geben und danach den Inhalt des Shakers darin abseihen. Nun nach Lust und Laune garnieren.

Limette Bitters

DAUER 10 min

MENGE 1

Zutaten

- 4 CL Gin
- 1 CL Curacao (dry)
- 1 Dash Bitter (Angostura)
- 1 Dash Bitter (Orange)
- 1 Limette
- Eiswürfel

Zubereitung

- Zunächst die Limette abwaschen, etwas Schale abreiben, auspressen und den Saft in einen Shaker geben. Die Eiswürfel und alle weiteren Zutaten hinzufügen und miteinander vermengen.
- Zu guter Letzt Eiswürfel nach Bedarf in ein Glas füllen, den Shakerinhalt abseihen und mit den Limettenzesten garnieren.

Himberry Sour

DAUER 10 min

MENGE 1

Zutaten

- 5 CL Gin
- 2 CL Zitronensaft (frisch)
- 2 CL Himbeersirup
- 5 Himbeeren
- 1 Eiweiß
- Zitronenzesten

Zubereitung

- Das Eiweiß in einer Schüssel verquirlen. Danach gemeinsam mit dem Gin, dem Zitronensaft und dem Himbeersirup in einen Shaker geben. Die Himbeeren waschen, zerstoßen und hinzugeben.
- Anschließend in ein Glas geben und mit den Zitronenzesten garnieren. Nach Belieben kann der Shakerinhalt auch abgeseiht werden.

Red Ape Gin

DAUER 10 min

MENGE 1

Zutaten

- 3 CL Gin
- 2 CL Aperol
- 2 CL Wein (Rosé)
- 10 Erdbeeren
- 1 Scheibe Zitrone
- Eiswürfel

Zubereitung

- Die Eiswürfel in einen Shaker geben. Den Gin, Aperol und Roséwein dazu geben und dann gründlich durchmischen.
- Die Erdbeeren abwaschen, mit einem Mixer pürieren und dann in ein Glas geben. Den Shakerinhalt dazugeben und nach Belieben durchmischen. Mit der Zitronenscheibe garnieren.

Herb Kiwi

DAUER 10 min

MENGE 1

Zutaten

- 5 CL Gin
- 3 CL Limettensaft (frisch)
- 2 CL Zuckersirup
- 1 Kiwi
- 15 Blätter Estragon
- Soda

Zubereitung

- Zunächst die Schale der Kiwi entfernen. Den Estragon waschen und dann gemeinsam mit der Kiwi zu einem Püree verarbeiten.
- Mit dem Gin, dem Limettensaft und dem Zuckersirup in einen Shaker geben und gründlich vermischen. In ein Glas mit Eiswürfeln geben und mit dem Soda auffüllen.

Fruchtiger Thymian

DAUER 10 min

MENGE 1

Zutaten

- 5 CL Gin
- 3 CL Limettensaft (frisch)
- 2 CL Zuckersirup
- 10 Himbeeren
- 2 Zweige Thymian
- Eiswürfel

Zubereitung

- Zuerst die Blätter des Thymians entfernen und dann gemeinsam mit den Himbeeren abwaschen und fein pürieren.
- Gemeinsam mit dem Gin, dem Limettensaft und dem Zuckersirup in einem Shaker vermengen. Die Eiswürfel hinzufügen und anschließend in ein Glas abseihen.

Sunny Ocean

DAUER	7 min	MENGE	1

Zutaten

- 3 CL Gin
- 3 CL Bananensaft
- 2 CL Grenadinesirup
- 2 CL Blue Curacao
- 2 CL Ananassaft
- Eiswürfel

Zubereitung

- Als Erstes die Eiswürfel in den Shaker geben. Dann den Gin, das Grenadinesirup, den Ananassaft und den Bananensaft dazugeben und alles gründlich durchmischen.
- Den Blue Curacao in ein Glas geben und danach den Inhalt des Shakers dazugeben.

Swimming Raspberries

DAUER	8 min	MENGE	1

Zutaten

- 3 CL Gin
- 2 CL Aperol
- 2 CL Orangensaft
- 1 CL Himbeersirup
- 5 Himbeeren
- Eiswürfel

Zubereitung

- Zunächst die Himbeeren abwaschen. Danach die Eiswürfel in einen Shaker geben. Den Gin, Aperol, Orangensaft und Himbeersirup dazugeben und alles durchmischen.
- Anschließend in ein Glas abseihen und die Himbeeren als Deko in den Gin Cocktail geben.

Banana Star

DAUER 5 min

MENGE 1

Zutaten

- 3 CL Gin
- 2 CL Crème de Bananas
- 1 CL Maracujasirup
- 1 CL Pernod
- 1 CL Orangensaft
- Eiswürfel

Zubereitung

- Einige Eiswürfel in einen Shaker geben. Danach alle weiteren Zutaten hinzufügen und gründlich miteinander vermengen.
- Zu guter Letzt in ein Glas abseihen und nach Belieben mit einigen Bananenstücken garnieren.

Saure Traube

DAUER 16 min

MENGE 1

Zutaten

- 4 CL Gin
- 4 CL Traubensaft (rot)
- 1/2 Grapefruit
- 5 Trauben (rot)
- 5 Minzblätter
- Eiswürfel

Zubereitung

- Zuerst die Minzblätter waschen, klein hacken und dann in dem Saft der halben Grapefruit ziehen lassen für etwa 10 Minuten.
- Anschließend mit dem Traubensaft und dem Gin in einem Shaker vermengen. In ein Glas abseihen und dann mit den Trauben und einigen Grapefruitzesten garnieren.

Berry Banana

DAUER 10 min

MENGE 1

Zutaten

- 4 CL Gin
- 3 CL Bananennektar
- 2 CL Orangensaft
- 2 CL Ananassaft
- 5 Erdbeeren
- Eiswürfel

Zubereitung

- Die Erdbeeren abwaschen und dann in einem Shaker mit einem Stößel zerdrücken. Die Eiswürfel, den Gin, den Bananennektar, den Orangensaft und den Ananassaft hinzufügen und vermengen.

- Zu guter Letzt den Inhalt in ein Glas abseihen und nach Belieben mit Erdbeeren garnieren.

Red Dreams

DAUER 10 min

MENGE 1

Zutaten

- 5 CL Gin
- 4 CL Grapefruitsaft
- 2 CL Grenadinesirup
- Etwas Puderzucker
- Eiswürfel

Zubereitung

- Die Eiswürfel in einen Shaker geben. Den Gin, den Grapefruitsaft und den Puderzucker hinzufügen und gründlich miteinander vermengen.

- Anschließend in ein Glas abseihen und das Grenadinesirup hinzufügen.

Charly Bitter

DAUER 7 min

MENGE 1

Zutaten

- 4 CL Gin
- 2 CL Brandy (Apricot)
- 2 CL Zitronensaft
- 1 CL Zuckersirup (dunkel)
- Eiswürfel

Zubereitung

- Zuerst die Eiswürfel in einen Shaker geben. Den Gin, den Brandy und den Zitronensaft hinzufügen. Nun den Zuckersirup hinzufügen und dann als Zutaten gründlich miteinander vermengen.
- In ein Glas abseihen und nach Belieben mit einer Zitronenspirale garnieren.

Banana Acarde

DAUER 10 min

MENGE 1

Zutaten

- 4 CL Gin
- 2 CL Crème de Bananes
- 2 CL Grapefruitsaft
- 1 CL Galliano
- Eiswürfel

Zubereitung

- Als Erstes den Gin mit der Crème de Bananes, dem Grapefruitsaft und dem Galliano in einen Shaker geben. Die Eiswürfel hinzufügen und dann gründlich miteinander vermengen.
- In ein Glas abseihen und mit einer Scheibe Grapefruit garnieren.

Orananas

DAUER 5 min

MENGE 1

Zutaten

- 3 CL Gin
- 3 CL Ananassaft
- 2 CL Campari
- 2 CL Orangensaft (frisch)
- Eiswürfel

Zubereitung

- Den Gin mit den beiden Säften und dem Campari in einen Shaker geben. Die Eiswürfel dazugeben und dann gründlich miteinander vermischen.
- In ein Glas abseihen und genießen.

Himzi

DAUER 10 min

MENGE 1

Zutaten

- 5 CL Gin
- 2 CL Zitronensaft (frisch)
- 2 CL Himbeersirup
- 1 CL Himbeergeist
- Soda
- Eiswürfel

Zubereitung

- In einem Shaker den Gin mit dem Zitronensaft, dem Himbeersirup und dem Himbeergeist vermengen. Die Eiswürfel hinzufügen und miteinander vermischen.
- Einige Eiswürfel in ein Glas geben. Den Inhalt des Shakers hineingeben und danach mit dem Soda auffüllen.

Sunset Sour

DAUER 10 min

MENGE 1

Zutaten

- ✦ 4 CL Gin
- ✦ 3 CL Orangensaft (frisch)
- ✦ 2 CL Zitronensaft (frisch)
- ✦ 2 CL Zuckersirup
- ✦ 1 CL Grenadinesirup
- ✦ Eiswürfel

Zubereitung

- Zuerst den Gin mit dem Orangensaft und dem Zitronensaft in einen Shaker geben. Den Zuckersirup und die Eiswürfel dazugeben und dann gründlich miteinander vermengen.

- Das Grenadinesirup mit einigen Eiswürfel in ein Glas geben und danach den Shakerinhalt darin abseihen.

Sweet Green

DAUER 10 min

MENGE 1

Zutaten

- ✦ 4 CL Gin
- ✦ 2 CL Limettensaft (frisch)
- ✦ 1 CL Crème de Menthe
- ✦ 1 CL Sahne (frisch)
- ✦ Soda
- ✦ Eiswürfel

Zubereitung

- Zunächst die Sahne mit der Crème de Menthe in einem Shaker vermengen. Den Gin und den Limettensaft hinzufügen und dann mit einigen Eiswürfeln gründlich vermengen.

- Einige Eiswürfel in ein Glas geben, den Inhalt des Shakers hineinfüllen und dann mit dem Soda auffüllen.

Marazitron

DAUER 5 min

MENGE 1

Zutaten

- 5 CL Maracujasaft
- 3 CL Gin
- 2 CL Aperol
- 2 CL Zitronensaft (frisch)
- 1 Scheibe Limette
- Eiswürfel

Zubereitung

- Einige Eiswürfel in einen Shaker geben. Den Maracujasaft, den Gin, den Aperol und den Zitronensaft hinzufügen und gründlich miteinander vermengen.

- Ein paar Eiswürfel in ein Glas geben, den Inhalt des Shakers abseihen und dann mit der Limettenscheibe dekorieren.

Red and Blue

DAUER 10 min

MENGE 1

Zutaten

- 3 CL Gin
- 2 CL Zitronensaft
- 1 CL Blue Curacao
- 1 CL Grenadinesirup
- 1 Cocktailkirsche
- Eiswürfel

Zubereitung

- Den Gin mit dem Zitronensaft und einigen Eiswürfeln in einem Shaker durchmischen.

- Den Blue Curacao in ein Glas geben. Den Shakerinhalt abseihen und danach das Grenadinesirup hinzufügen. Mit der Cocktailkirsche dekorieren.

Sweet Banana

DAUER 5 min

MENGE 1

Zutaten

- 3 CL Gin
- 2 CL Crème de Cacao (hell)
- 1 CL Crème de Bananes
- 1 CL Orangensaft (frisch)
- Eiswürfel

Zubereitung

- Den Gin mit den Eiswürfeln und allen weiteren Zutaten in einen Shaker geben. Gründlich miteinander vermengen.
- Einige Eiswürfel in ein Glas geben, den Inhalt des Shakers darin abseihen und nach Belieben dekorieren.

Oh Honey

DAUER 16 min

MENGE 1

Zutaten

- 4 CL Gin
- 2 CL Honig
- 1 CL Zitronensaft
- 1 Dash Soda
- 10 Minzblätter
- Eiswürfel

Zubereitung

- Zuerst die Minzblätter waschen und klein hacken. In dem Zitronensaft für 10 Minuten ziehen lassen.
- Anschließend den Gin, den Honig und die Eiswürfel dazugeben. Gründlich miteinander vermengen. In ein Glas abseihen und mit dem Soda vermischen.

Bloody Orange

DAUER 5 min

MENGE 1

Zutaten

- 3 CL Gin
- 3 CL Curacao (Red)
- 2 CL Wermut (rosso)
- 2 CL Blutorangensaft
- 1 CL Zitronensaft
- 1 Stück Blutorange

Zubereitung

- Den Gin gemeinsam mit dem Curacao, dem Wermut, dem Blutorangensaft und dem Zitronensaft in einem Shaker vermengen.
- Anschließend in ein Glas abseihen und mit dem Stück Blutorange dekorieren.

Green Tropical

DAUER 10 min

MENGE 1

Zutaten

- 3 CL Gin
- 3 CL Pfirsichsaft
- 2 CL Kokossirup
- 2 CL Grenadinesirup
- 1 Kiwi
- Eiswürfel

Zubereitung

- Den Gin mit den Eiswürfeln in einen Shaker geben. Die Kiwi schälen und danach mit einem Stößel zerdrücken. Gemeinsam mit dem Pfirsichsaft und dem Kokossirup in den Shaker geben.
- Nach dem Vermengen in ein Glas abseihen und den Grenadinesirup dazugeben.

Reddy

DAUER	7 min	MENGE	1

Zutaten

- 3 CL Gin
- 2 CL Orangensaft (frisch)
- 1 CL Brandy (Apricot)
- 1 CL Wermut (dry)
- 1 CL Grenadinesirup
- Eiswürfel

Zubereitung

- Den Gin gemeinsam mit dem Orangensaft, dem Brandy, dem Wermut und den Eiswürfeln in einem Shaker vermengen.
- Einige Eiswürfel und das Grenadinesirup in ein Glas geben. Den Shakerinhalt darin abseihen und nach Belieben dekorieren.

Fruiti Nights

DAUER	8 min	MENGE	1

Zutaten

- 4 CL Gin
- 2 CL Brandy (Cherry)
- 1 CL Madeira
- 1 CL Orangensaft (frisch)
- Eiswürfel

Zubereitung

- Den Gin mit den Eiswürfeln in einen Shaker geben. Den Brandy, Madeira und Orangensaft dazugeben.
- In ein Glas mit einigen Eiswürfeln abseihen und mit einer Orangenspirale dekorieren.

Gin of Passion

DAUER	7 min	MENGE	1

Zutaten

- 5 CL Gin
- 4 CL Passionsfrucht (Püree)
- 2 CL Triple Sec
- 2 Dash Bitter (Aromatic)
- Eiswürfel

Zubereitung

- Den Gin gemeinsam mit dem Passionsfruchtpüree, dem Triple Sec und dem Bitter in einen Shaker geben. Die Eiswürfel hinzufügen und danach alles gründlich miteinander vermengen.
- Ein paar Eiswürfel in ein Glas geben und darin dann den Shakerinhalt abseihen.

Oh Cassis

DAUER	8 min	MENGE	1

Zutaten

- 3 CL Gin
- 3 CL Crème de Cassis
- 3 CL Preiselbeersirup
- 2 CL Whiskey
- 1 CL Orangensaft (frisch)
- Eiswürfel

Zubereitung

- Den Gin mit dem Whiskey und den Eiswürfeln in einen Shaker geben. Den Orangensaft, die Crème de Cassis und den Preiselbeersirup hinzufügen. Alle Zutaten gründlich miteinander vermengen.
- Anschließend in ein Glas abseihen, einige Eiswürfel hinzufügen und nach Belieben dekorieren.

Zitroca

DAUER 5 min

MENGE 1

Zutaten

- 3 CL Gin
- 2 CL Crème de Cassis
- 1 CL Maraschino
- 1 CL Zitronensaft
- 1 CL Zuckersirup
- Eiswürfel

Zubereitung

- Den Gin gemeinsam mit dem Maraschino, dem Zitronensaft und dem Zuckersirup in einen Shaker geben. Die Eiswürfel hinzufügen.
- Die Crème de Cassis mit einigen Eiswürfeln in ein Glas geben und den Shakerinhalt darin abseihen.

Blue Lime

DAUER 8 min

MENGE 1

Zutaten

- 4 CL Gin
- 2 CL Triple Sec
- 2 CL Limettensaft (frisch)
- 2 CL Orangenlikör
- 1 CL Blue Curacao
- Eiswürfel

Zubereitung

- In einem Shaker den Gin mit dem Triple Sec, dem Limettensaft und dem Orangenlikör vermengen. Die Eiswürfel dazugeben und gründlich miteinander vermengen.
- Ein paar Eiswürfel mit dem Blue Curacao in ein Glas geben und danach den Inhalt des Shakers abseihen.

Winterliche

Winter Lime

DAUER 8 min

MENGE 1

Zutaten

- 9 CL Tonic Water
- 5 CL Gin
- 1 Limette
- Einige Cranberries
- Eiswürfel

Zubereitung

- Die Limette abwaschen, etwas Schale abreiben. Danach auspressen und beides in einen Shaker geben. Den Gin dazugeben und die Eiswürfel ebenfalls. Für einige Minuten mixen.
- Eiswürfel in ein Glas geben, den Shakerinhalt dazugeben und danach mit dem Tonic Water auffüllen. Mit den Cranberries garnieren.

Cranberry Winter World

DAUER 10 min

MENGE 1

Zutaten

- 7 CL Tonic Water
- 5 CL Gin
- 2 CL Cranberry Nektar
- Einige Cranberries
- 1 Zweig Rosmarin
- Eiswürfel

Zubereitung

- Den Gin mit dem Cranberry Nektar und dem Tonic Water vermischen. Den Rosmarin waschen.
- Einige Eiswürfel in ein Glas zu dem Gin geben. Mit den Cranberries und dem Rosmarinzweig garnieren und servieren.

Ginwein

DAUER	8 min	MENGE	1

Zutaten

- 8 CL Apfelsaft
- 3 CL Gin
- 2 Zimtstangen
- 2g Ingwer (frisch)
- Orangenzesten
- Gewürznelken

Zubereitung

- Zuerst den Gin mit dem Apfelsaft in einem Glas vermengen. Die Schale des Ingwers entfernen, zerkleinern und in das Glas einrühren.
- Dann die Zimtstangen, die Orangenzesten und Gewürznelken hinzugeben und etwas ziehen lassen.

Mandarine Zimt

DAUER	10 min	MENGE	1

Zutaten

- 4 CL Gin
- 2 CL Mandarinenlikör
- 1 CL Zimtsirup
- 1 Zitrone
- Eiswürfel

Zubereitung

- Den Gin mit dem Mandarinenlikör in einem Shaker vermengen. Die Zitrone waschen, etwas Schale abreiben und danach den Saft auspressen.
- Die Eiswürfel und den Zimtsirup dazugeben und für einige Minuten schütteln. In ein Glas abseihen und genießen.

Herber Winterzauber

DAUER 6 min

MENGE 1

Zutaten

- 5 CL Ginger Beer
- 4 CL Gin
- 3 CL Apfelsaft
- 3 CL Grapefruitsaft
- 3 CL Cranberrysaft
- Zimtstangen & Sternanis

Zubereitung

- Als Erstes den Gin mit dem Apfelsaft, dem Grapefruitsaft und dem Cranberrysaft in einem Shaker vermengen.
- Dann in ein Glas geben. Die Zimtstangen und den Sternanis dazugeben. Mit dem Ginger Beer auffüllen und genießen.

Earl Orange

DAUER 12 min

MENGE 1

Zutaten

- 4 CL Earl Grey Tee
- 3 CL Gin
- 2 CL Zuckersirup
- 2 CL Zitronensaft (frisch)
- 1 Orange

Zubereitung

- Nachdem der Tee abgekühlt ist mit dem Gin in einen Shaker geben. Den Zitronensaft und den Zuckersirup dazugeben.
- Die Orange heiß abwaschen, etwas Schale entfernen und danach auspressen. Beide Zutaten hinzufügen und danach in einem Glas servieren.

Gin & Pumpkin

DAUER 8 min

MENGE 1

Zutaten

- 6 CL Gin
- 3 CL Zitronensaft (frisch)
- 2 CL Zuckersirup
- Kürbisgewürz
- 1 Eiweiß
- 1 Prise Zimt

Zubereitung

- Den Gin mit dem Zitronensaft in einen Shaker geben. Den Zuckersirup und die Prise Zimt hinzufügen. Das Eiweiß aufquirlen und ebenfalls untermischen.

- Zu guter Letzt das Kürbisgewürz hineinmischen und dann servieren.

Joyful Bitter

DAUER 12 min

MENGE 1

Zutaten

- 2 CL Gin
- 2 CL Zuckersirup
- 1 CL Zimtsirup
- 2g Ingwer
- 2 Scheiben Limette
- Sekt/ Champagner

Zubereitung

- Zuerst den Ingwer schälen und grob teilen. Den Gin mit dem Zuckersirup und dem Zimtsirup in einem Shaker vermengen.

- Gemeinsam mit dem Ingwer in ein Glas geben und etwas ziehen lassen. Mit dem Sekt oder Champagner auffüllen und mit den Limettenscheiben garnieren.

Zoney Christmas

DAUER 5 min

MENGE 1

Zutaten

- 3 CL Gin
- 1 CL Zitronensaft (frisch)
- 1 CL Honig
- 3 Gewürznelken

Zubereitung

- Zuerst den Gin mit dem Zitronensaft und dem Honig in einem Shaker vermengen. Anschließend in ein Glas geben.
- Die Gewürznelken hinzufügen und dann etwas ziehen lassen.

Snow Tonic

DAUER 10 min

MENGE 1

Zutaten

- 8 CL Tonic Water
- 4 CL Gin
- 1 CL Zimtsirup
- 1 Zimtstange
- Etwas Muskatnuss

Zubereitung

- Den Gin mit dem Zimtsirup vermengen. In ein Glas geben und die Zimtstange und den Muskatnuss dazugeben.
- Etwas ziehen lassen und dann mit dem Tonic Water auffüllen.

Red Mandarine

DAUER	14 min	MENGE	1

Zutaten

- 8 CL Tonic Water
- 4 CL Gin
- 2 CL Crème de Cassis
- 2 Mandarinen
- 2 Zweige Rosmarin
- Eiswürfel

Zubereitung

- Zuerst die Mandarinen schälen und zerdrücken. Den Rosmarin waschen und trocken schütteln. Den Gin, die Eiswürfel und die Crème de Cassis zu den Mandarinen geben. Miteinander vermengen.
- Anschließend in ein Glas abseihen. Mit dem Tonic Water auffüllen und dem Rosmarin verfeinern.

Weihnachtlicher Granatapfel

DAUER	10 min	MENGE	1

Zutaten

- 8 CL Tonic Water
- 4 CL Gin
- 2 CL Grenadinesirup
- 1 Zitrone
- 1 Granatapfel
- Eiswürfel

Zubereitung

- Als Erstes die Granatapfelkerne aus der Schale nehmen und dann in einem Shaker zerdrücken. Die Zitronen abwaschen, etwas Schale abreiben und dann auspressen.
- Den Gin, die Eiswürfel und den Grenadinesirup dazugeben. Vermengen und dann in ein Glas abseihen. Mit dem Tonic auffüllen.

Pflaume Kirsch

DAUER 12 min

MENGE 1

Zutaten

- 8 CL Kirschsaft
- 4 CL Gin
- 2 CL Zuckersirup
- 5 Pflaumen
- 2 Zweige Rosmarin
- Eiswürfel

Zubereitung

- Zuerst die Pflaumen waschen und mit einem Stößel zerdrücken. Den Kirschsaft, den Gin und den Zuckersirup dazugeben.
- Mit den Eiswürfeln ergänzen und dann für einige Minuten mixen. Den Rosmarin waschen und damit den Cocktail nach dem Abseihen garnieren.

Hot Pumpkin

DAUER 8 min

MENGE 1

Zutaten

- 4 CL Gin
- 3 CL Campari
- 2 CL Frangelico
- 2 CL Pumpkin Spice Sirup
- 1 Eiweiß
- Zimt

Zubereitung

- Das Eiweiß verquirlen. Den Gin, den Campari und den Frangelico dazugeben.
- Mit dem Zimt und dem Pumpkin Sirup verfeinern, dann in ein Glas geben und servieren.

Chocolate Dream

DAUER	8 min	MENGE	1

Zutaten

- 3 CL Gin
- 1 CL Wermut
- 1 CL Mozart Dry Chocolate
- 1 CL Frangelico
- 1 Dash Bitter (Chocolate)
- Orangenzesten

Zubereitung

- Als Erstes den Gin mit dem Wermut, dem Mozart Dry Chocolate, dem Frangelico und dem Dash Bitter in einen Shaker geben und die Zutaten miteinander vermengen.
- Danach in ein Glas geben und mit den Orangenzesten garnieren.

Sweet Plum

DAUER	10 min	MENGE	1

Zutaten

- 4 CL Gin
- 3 CL Weißwein
- 2 CL Pflaumenlikör
- 1 CL Zuckersirup (dunkel)
- 1 Zitrone
- 1 Vanillestange

Zubereitung

- Den Gin in einen Shaker geben. Den Pflaumenlikör und den Zuckersirup dazugeben. Die Zitrone waschen, etwas Schale abreiben und dann mit dem Saft in den Shaker geben.
- Die Vanilleschote längs einschneiden und danach das Mark mit hineinmischen. In ein Glas geben und mit dem Weißwein aufgießen.

Cinnorange

DAUER 20 min

MENGE 1

Zutaten

- 8 CL Orangensaft
- 4 CL Gin
- 2 CL Zuckersirup
- 1 CL Zimtsirup
- 8 Minzblätter

Zubereitung

- Den Orangensaft mit dem Gin und dem Zuckersirup in einen Shaker geben. Die Minze waschen, trocken schütteln und klein hacken. Danach in dem Zimtsirup für 10 Minuten einwirken lassen.
- Anschließend ebenfalls in den Shaker geben und vermengen. In ein Glas geben und genießen.

Chocozi

DAUER 12 min

MENGE 1

Zutaten

- 6 CL Orangensaft
- 3 CL Gin
- 1 CL Zuckersirup (dunkel)
- 1 CL Zimtsirup
- 2 Zweige Thymian
- 1 Dash Bitter (Chocolate)

Zubereitung

- Den Orangensaft mit dem Gin in einem Shaker vermengen. Den Zucker- und Zimtsirup dazugeben. Dann den Dash Bitter dazugeben. Alle Zutaten miteinander vermengen.
- Den Thymian abwaschen. Den Inhalt des Shakers in ein Glas geben und danach den Thymian hineingeben.

Retro

Gin Rickey

DAUER 7 min

MENGE 1

Zutaten

- 4 CL Gin
- 3 CL Tonic Water
- 2 CL Limettensaft (frisch)
- 1 CL Zuckersirup
- 3 Limettenspalten
- Crushed Eis

Zubereitung

- Zuerst den Gin mit dem Limettensaft und dem Zuckersirup in einem Shaker vermengen.
- Das Crushed Eis in ein Glas geben, den Shakerinhalt dazugeben und dann mit dem Tonic Water ergänzen. Die Limettenspalten als Dekoration ergänzen und genießen.

Kin Kan

DAUER 7 min

MENGE 1

Zutaten

- 5 CL Gin
- 3 CL Kumquatsirup
- 2 CL Zitronensaft (frisch)
- 1 Zitronenscheibe
- Eiswürfel

Zubereitung

- Den Gin mit dem Zitronensaft und dem Kumquatsirup vermengen. Die Eiswürfel in ein Glas geben, den Shakerinhalt dazugeben.
- Danach mit der Zitronenscheibe dekorieren und servieren.

Sangaree

DAUER 5 min

MENGE 1

Zutaten

- 4 CL Gin
- 1 CL Zuckersirup
- 1 CL Portwein
- Soda
- Muskatnuss (gerieben)
- Crushed Eis

Zubereitung

- Als Erstes den Gin, den Zuckersirup und den Portwein in einem Shaker vermengen. Den Muskatnuss dazugeben.
- Das Crushed Eis in ein Glas geben. Den Inhalt des Shakers zu dem Eis geben und dann mit dem Soda auffüllen.

Inspirational Bees Knees

DAUER 8 min

MENGE 1

Zutaten

- 5 CL Gin
- 2 CL Zitronensaft (frisch)
- 1 CL Orangensaft (frisch)
- 1 CL Honig
- 1 Zitronenscheibe
- Eiswürfel

Zubereitung

- Zuerst den Gin mit dem Honig vermengen. Den Zitronensaft und den Orangensaft hinzufügen.
- Einige Eiswürfel in ein Glas geben, den Inhalt des Shakers hineingeben und dann mit der Zitronenscheibe garnieren.

Classic Bijou

DAUER 7 min

MENGE 1

Zutaten

- 3 CL Gin
- 2 CL Chartreuse
- 2 CL Wermut (Rosso)
- 1 Dash Bitter (Orange)
- 1 Cocktailkirsche
- Eiswürfel

Zubereitung

- Den Gin mit dem Chartreuse, dem Wermut und dem Dash Bitter vermengen.
- Einige Eiswürfel in ein Glas geben. Den Shakerinhalt in das Glas geben und dann mit einer Cocktailkirsche dekorieren.

20th Century

DAUER 7 min

MENGE 1

Zutaten

- 5 CL Gin
- 2 CL Lille (Kina)
- 2 CL Crème de Cacao (hell)
- 2 CL Zitronensaft (gepresst)
- 1 Zitronenspirale
- Eiswürfel

Zubereitung

- Den Gin mit dem Lille, dem Zitronensaft und der Crème de Cacao in einen Shaker geben und miteinander vermengen.
- Einige Eiswürfel in ein Glas geben, den Inhalt des Shakers hineingeben und danach mit der Zitronenspirale garnieren.

Tom Collins

DAUER 5 min

MENGE 1

Zutaten

- ✦ 5 CL Gin
- ✦ 3 CL Zitronensaft (frisch)
- ✦ 2 CL Zuckersirup
- ✦ 2 Scheiben Zitrone
- ✦ Soda
- ✦ Eiswürfel

Zubereitung

- In einem Shaker den Gin, den Zitronensaft und den Zuckersirup geben miteinander vermengen.

- Ein paar Eiswürfel in ein Glas geben. Die Gin Mischung hinzufügen und dann mit dem Soda aufgießen. Mit den Zitronenscheiben garnieren.

Pink Lady

DAUER 10 min

MENGE 1

Zutaten

- ✦ 5 CL Gin
- ✦ 1 CL Grenadine
- ✦ 1 Eiweiß
- ✦ 1 Cocktailkirsche
- ✦ Etwas Eis

Zubereitung

- Das Eiweiß in einer Schüssel aufschlagen. Den Gin dazugeben und beides miteinander vermengen. Den Grenadinesirup hineinmischen.

- Etwas Eis in ein Glas geben. Die Gin Mischung dazugeben und mit der Cocktailkirsche garnieren.

Dubonnet

DAUER 5 min

MENGE 1

Zutaten

- 4 CL Gin
- 4 CL Dubonnet Rouge
- 1 Dash Bitter (Angostura)
- Eiswürfel

Zubereitung

- Zuerst die Eiswürfel in einen Shaker geben. Den Gin, den Dubonnet und den Dash Bitter hinzufügen und alle Zutaten gründlich miteinander vermengen.
- In ein Glas abseihen und kühl genießen.

Blackthorn

DAUER 10 min

MENGE 1

Zutaten

- 6 CL Gin
- 2 CL Dubonnet Rouge
- 2 CL Kirschwasser
- 1 Cocktailkirsche
- Zitronenzesten
- Eiswürfel

Zubereitung

- Als Erstes den Gin mit dem Dubonnet und dem Kirschwasser in einem Shaker vermengen.
- Eiswürfel hinzufügen und für einige Minuten mischen. In ein Glas abseihen und dann mit der Cocktailkirsche und den Zitronenzesten garnieren.

Silver Fizz

DAUER 8 min

MENGE 1

Zutaten

- 6 CL Gin
- 3 CL Zitronensaft (frisch)
- 1 CL Zuckersirup
- 1 Eiweiß
- Soda
- Eiswürfel

Zubereitung

- Zuerst den Gin mit dem Zitronensaft und dem Zuckersirup in einen Shaker geben. Das Eiweiß aufquirlen und dazugeben.
- Die Eiswürfel hinzufügen und dann für einige Minuten schütteln. In ein Glas abseihen und mit etwas Soda ergänzen.

The Improved

DAUER 7 min

MENGE 1

Zutaten

- 6 CL Gin
- 1 CL Zuckersirup
- 1 CL Maraschino
- 2 Dash Bitter (Angostura)
- 1 Dash Absinth
- Eiswürfel

Zubereitung

- Den Gin mit dem Zuckersirup und dem Maraschino in einen Shaker geben. Die Dashes Bitter und den Dash Absinth dazugeben.
- Die Eiswürfel ebenfalls in den Shaker geben und dann für einige Minuten schütteln. In ein Glas abseihen und genießen.

The Fitzgerald

DAUER	8 min	MENGE	1

Zutaten

- ✦ 4 CL Gin
- ✦ 2 CL Zitronensaft (frisch)
- ✦ 2 CL Zuckersirup
- ✦ 1 Dash Bitter (Angostura)
- ✦ 1 Zitronenscheibe
- ✦ Eiswürfel

Zubereitung

- Zunächst den Gin mit dem Zitronensaft, dem Zuckersirup und dem Dash Bitter in einem Shaker vermengen.
- Die Eiswürfel hinzugeben, für einige Minuten mixen und danach in ein Glas abseihen. Mit der Zitronenscheibe garnieren.

Gin Flip

DAUER	7 min	MENGE	1

Zutaten

- ✦ 2 CL Gin
- ✦ 1 CL Zuckersirup
- ✦ 1 Eigelb
- ✦ 1 Cocktailkirsche
- ✦ Eiswürfel

Zubereitung

- Das Eigelb in einer Schüssel schaumig schlagen. Den Gin und den Zuckersirup dazugeben und alle Zutaten miteinander vermischen.
- Einige Eiswürfel ebenfalls in den Shaker geben. Für einige Minuten mixen und danach in ein Glas abseihen. Mit der Cocktailkirsche garnieren.

Suffering Bastard

DAUER 8 min

MENGE 1

Zutaten

- 8 CL Ginger Ale
- 3 CL Gin
- 3 CL Bourbon
- 3 CL Limettensaft
- 1 Dash Bitter (Angostura)
- Eiswürfel

Zubereitung

- Als Erstes den Gin mit dem Bourbon, dem Limettensaft und dem Dash Bitter in einem Shaker vermengen. Die Eiswürfel dazugeben und für einige Minuten mixen.
- In ein Glas abseihen und mit dem Ginger Ale ergänzen.

Bitter Gin

DAUER 7 min

MENGE 1

Zutaten

- 6 CL Gin
- 2 CL Wermut
- 1 Dash Bitter (Angostura)
- Zitronenspirale
- Eiswürfel

Zubereitung

- Den Gin mit dem Wermut und dem Dash Bitter in einen Shaker mit Eiswürfeln geben. Gründlich vermengen.
- Nach Belieben einige Eiswürfel in ein Glas geben. Den Inhalt des Shakers in das Glas abseihen und dann mit der Zitronenspirale dekorieren.

Gin mit Botanicals

Orange Rosmarin

DAUER 20 min

MENGE 1

Zutaten

- 2 CL Gin
- 2 CL Chartreuse (grün)
- 2 CL Wermut (rosso)
- 1 Dash Bitter (Orange)
- 2 Zweige Rosmarin
- Eiswürfel

Zubereitung

- Alle flüssigen Zutaten in einen Shaker geben und miteinander vermengen. Den Rosmarin abwaschen, klein hacken und dann in dem Shaker für etwa 15 Minuten ziehen lassen.
- Ein Glas mit Eiswürfeln füllen und dann den Shakerinhalt in dieses Glas abseihen. Nach Belieben mit einer Zitronenspirale garnieren.

Basilikum Gin

DAUER 15 min

MENGE 1

Zutaten

- 6 CL Gin
- 3 CL Zitronensaft (frisch)
- 2 CL Zuckersirup
- 15 Basilikumblätter

Zubereitung

- Die Basilikumblätter gründlich abwaschen und klein hacken. 3 CL des Zitronensaftes dazu geben und für 10 Minuten ziehen lassen.
- Anschließend mit dem Gin und Zuckersirup in einen Shaker geben und danach in ein Glas abseihen. Mit etwas Zitronenschale und einem Blatt Basilikum garnieren.

Minze-Ginger Beer

DAUER 20 min

MENGE 1

Zutaten

- ✦ 5 CL Gin
- ✦ 3 CL Zuckersirup
- ✦ 3 CL Ginger Beer
- ✦ 3 CL Limettensaft
- ✦ 10 Minzblätter
- ✦ Eiswürfel

Zubereitung

- Zunächst die Minzblätter abwaschen und klein hacken. Dann mit dem Gin, dem Limettensaft und dem Zuckersirup in einem Shaker vermengen. Für etwa 15 Minuten ziehen lassen.

- In ein Glas Eiswürfel geben. Den Inhalt des Shakers abseihen und mit dem Ginger Beer auffüllen. Vermischen und genießen.

Grünes Abendteuer

DAUER 10 min

MENGE 1

Zutaten

- ✦ 4 CL Gin
- ✦ 3 CL Zitronensaft
- ✦ 2 CL Basilikumsirup
- ✦ 3 Scheiben Gurke
- ✦ 1/2 TL Wasabipaste
- ✦ Eiswürfel

Zubereitung

- Zuerst die Gurkenscheiben ausdrücken. Dann gemeinsam mit der Wasabipaste, Gin, Zitronensaft und dem Basilikumsirup in einen Shaker geben. Miteinander vermischen bis der Wasabi aufgelöst ist.

- Ein Glas mit Eiswürfeln füllen und danach die Flüssigkeit darin abseihen. Nach Belieben mit Gurkenscheiben garnieren.

Sellerie-Rosmarin

DAUER	20 min	MENGE	1

Zutaten

- 6 CL Gin
- 3 CL Zitronensaft (frisch)
- 3 CL Selleriesaft
- 2 CL Zuckersirup
- 2 Zweige Rosmarin
- 1 Prise Salz

Zubereitung

- Zunächst den Rosmarin waschen und klein hacken. Mit dem Zitronensaft in einer Schüssel ziehen lassen für etwa 10 Minuten.

- Danach mit dem Gin, dem Zitronensaft, dem Zuckersirup und dem Selleriesaft in einen Shaker geben. Die Prise Salz dazugeben und danach in ein Glas abseihen.

Traum de Violette

DAUER	10 min	MENGE	1

Zutaten

- 5 CL Gin
- 3 CL Zitronensaft (frisch)
- 2 CL Crème de Violette
- 1 CL Zuckersirup
- Soda
- Eiswürfel

Zubereitung

- Zunächst den Gin mit dem Zitronensaft, der Crème de Violette und dem Zuckersirup in einem Shaker miteinander vermengen.

- In ein Glas Eiswürfel geben und danach den Shakerinhalt darin abseihen. Mit dem Soda auffüllen. Nach Belieben mit essbaren Blüten oder Orangenstücken garnieren.

Gin Minz-Bull

DAUER 20 min

MENGE 1

Zutaten

- 6 CL Gin
- 2 CL Limettensaft (frisch)
- 1 CL Soda
- 8 Minzblätter
- Red Bull
- Eiswürfel

Zubereitung

- Die Minzblätter gründlich waschen, klein hacken und danach in dem Limettensaft für 12 Minuten ziehen lassen.
- Eiswürfel in ein Glas geben und anschließend darin das Soda mit dem Gin vermengen. Den Shakerinhalt dazu abseihen und dann mit dem Red Bull auffüllen.

Ginger Gin

DAUER 15 min

MENGE 1

Zutaten

- 7 CL Ginger Ale
- 5 CL Gin
- 1 CL Zitronensaft (frisch)
- 1g Ingwer
- 1 Zitronenscheibe
- Eiswürfel

Zubereitung

- Zunächst den Ingwer schälen, klein hacken und dann für etwa 10 Minuten in dem Zitronensaft ziehen lassen.
- Danach mit dem Gin in einem Shaker vermischen. Ein Glas mit Eiswürfeln füllen. Den Shakerinhalt in das Glas abseihen, dann mit dem Ginger Ale auffüllen und der Zitronenscheibe garnieren.

Sweet Ginger

DAUER	20 min	MENGE	1

Zutaten

- 5 CL Gin
- 3 CL Apfelsaft (klar)
- 2 EL Agavendicksaft
- 1 EL Tee (grün)
- 1g Ingwer
- 1 Limettenscheibe

Zubereitung

- Zunächst die Schale des Ingwers entfernen, klein hacken und dann für etwa 10 Minuten in dem Apfelsaft ziehen lassen.
- Danach mit dem Gin, dem Agavendicksaft und dem Tee in einem Shaker vermischen. In ein Glas abseihen und mit der Limettenscheibe garnieren.

Orange RaGi

DAUER	10 min	MENGE	1

Zutaten

- 6 CL Soda
- 4 CL Ramazotti
- 3 CL Gin
- 2 CL Zitronensaft (frisch)
- 1/2 Orange
- Eiswürfel

Zubereitung

- Als Erstes etwas Orangenschale spiralförmig entfernen. Dann eine Scheibe entfernen und den restlichen Saft in einen Shaker geben.
- Das Soda, den Ramazotti, den Zitronensaft und den Gin hinzufügen. Eiswürfel in ein Glas geben und danach den Shakerinhalt in dieses Glas abseihen. Mit der Orangenschale garnieren.

Tomaten-Petersilie

DAUER 20 min

MENGE 1

Zutaten

- 3 CL Gin
- 3 CL Tomaten (passiert)
- 2 CL Zitronenlimonade
- 2 CL Zitronensaft
- 1 Schuss Steaksoße (feurig)
- 1 Stängel Petersilie

Zubereitung

- Zuerst die Petersilie waschen und klein hacken. Dann gemeinsam mit dem Zitronensaft, der Zitronenlimonade, den passierten Tomaten, der Steaksoße und dem Gin für etwa 15 Minuten ziehen lassen.
- Anschließend in ein Glas abseihen. Nach Belieben Eiswürfel hinzugeben.

Ingwer-Zitrone

DAUER 15 min

MENGE 1

Zutaten

- 6 CL Gin
- 2 CL Ingwerlikör
- 1 CL Zitronensaft
- 1g Ingwer
- Etwas Puderzucker
- Eiswürfel

Zubereitung

- Den Ingwer schälen, klein hacken und für etwa 10 Minuten in dem Zitronensaft ziehen lassen.
- Nun den Puderzucker in dem Ingwerlikör auflösen. Danach mit dem Gin, dem eingelegten Ingwer und dem Zitronensaft in einem Shaker vermengen. In ein Glas mit Eiswürfeln abseihen und genießen.

Gin Minze

DAUER 15 min

MENGE 1

Zutaten

- ✦ 6 CL Gin
- ✦ 2 CL Pastis
- ✦ 2 CL Crème de Menthe
- ✦ 10 Blätter Minze
- ✦ Soda
- ✦ Eiswürfel

Zubereitung

- Als Erstes die Minze waschen und klein hacken. Danach in einer Schüssel mit dem Gin für 10 Minuten ziehen lassen.
- Dann mit dem Pastis und der Crème de Menthe in einem Shaker vermischen. Ein Glas mit Eiswürfel füllen, den Shakerinhalt darin abseihen und dann mit dem Soda auffüllen.

Würziger Gin

DAUER 10 min

MENGE 1

Zutaten

- ✦ 4 CL Gin
- ✦ 2 CL Zitronensaft
- ✦ 1 TL Kardamom
- ✦ 1 Limette
- ✦ Sodawasser
- ✦ Eiswürfel

Zubereitung

- Eine Scheibe der Limette entfernen. Danach den Limettensaft, den Zitronensaft, den Gin und den Kardamom in einem Shaker miteinander vermengen.
- Ein Glas mit Eiswürfeln füllen, den Shakerinhalt darin abseihen und dann mit dem Soda auffüllen.

Coco-Ingwer Gin

DAUER	15 min	MENGE	1

Zutaten

- 8 CL Kokoswasser
- 4 CL Ingwerlikör
- 3 CL Gin
- 1g Ingwer
- 1 Zweig Thymian
- Eiswürfel

Zubereitung

- Den Ingwer schälen und klein hacken. Den Thymian waschen und klein hacken. Beides für 10 Minuten in dem Gin ziehen lassen.
- Danach mit dem Kokoswasser und dem Ingwerlikör in einen Shaker geben. Ein Glas mit einigen Eiswürfeln füllen und danach den Inhalt des Shakers darin abseihen.

Hot Gin

DAUER	15 min	MENGE	1

Zutaten

- 4 CL Gin
- 1/2 rote Thaichili
- 1/2 TL Zimt
- Tonic Water
- Eiswürfel

Zubereitung

- Zuerst die Thai Chili abwaschen und klein hacken. Dann in dem Gin für 10 Minuten ziehen lassen.
- Danach mit dem Zimt in einen Shaker geben. Ein Glas mit Eiswürfeln füllen. Den Shakerinhalt darin abseihen und dann mit dem Tonic Water auffüllen.

Bowle & Punch

Kirschliche Weihnacht

DAUER	12 min	MENGE	1

Zutaten

- 1 L Kirschtee
- 1 L Kirschsaft
- 1 Flasche Gin (dry)
- Einige Zitronenscheiben
- Etwas Honig
- Zimt, Nelken, Sternanis

Zubereitung

- Nach dem Abkühlen den Kirschtee in eine große Schale geben. Den Kirschsaft und den Gin dazugeben. Miteinander vermischen.

- Mit dem Honig süßen und mit den Zitronenscheiben ergänzen. Nun nach Belieben verfeinern mit den Gewürzen. Alle Komponenten miteinander vermischen und genießen.

Fresh Minz Bowle

DAUER	10 min	MENGE	1

Zutaten

- 1 L Tonic Water
- 1 Flasche Gin
- 1 Gurke
- 1 Limette
- 1 Orange
- 1/2 Bund Minze (frisch)

Zubereitung

- Zunächst das Gin Tonic mit dem Gin in eine große Schüssel geben. Die Minze und die Gurke gründlich waschen. Die Limette und die Orange ebenfalls waschen. Die Minze in die Gin Mischung geben.

- Dann die Gurke, die Limette und die Orange in Scheiben schneiden und diese erneut halbieren. In die Tonic Mischung geben.

Birnen-Zimt Cooler

DAUER 5 min

MENGE 1

Zutaten

- 10 CL Apfelsaft (naturtrüb)
- 8 CL Gin
- 7 CL Birnensaft
- 3 CL Zitronensaft (frisch)
- 2 CL Zimtsirup
- Eiswürfel

Zubereitung

- Die Eiswürfel nach Belieben in eine große Schüssel geben. Anschließend alle flüssigen Zutaten in einer Schüssel miteinander vermengen.

- Nach Belieben noch Scheiben von Zitrone, Birne, Apfel oder Zimtstangen hineingeben.

Sweet Himbeer Punch

DAUER 10 min

MENGE 1

Zutaten

- 8 CL Gin
- 7 CL Sekt / Champagner
- 3 CL Zuckersirup (dunkel)
- 3 CL Zitronensaft (frisch)
- 2 CL Mandelsirup
- 2 CL Himbeerlikör

Zubereitung

- Zuerst den Gin mit dem Sekt oder Champagner in eine große Schüssel geben. Danach den Zuckersirup, den Zitronensaft, den Mandelsirup und den Himbeerlikör gründlich einrühren.

- Nach Belieben mit einigen Früchten verfeinern. Beispielsweise Himbeeren oder Zitronenscheiben bieten sich hier an.

Calm Sweetness

DAUER 8 min

MENGE 1

Zutaten

- 6 CL Gin
- 4 CL Kamillentee
- 4 CL Zitronensaft (frisch)
- 4 CL Zuckersirup (hell)
- 4 CL Bionade (Holunder)
- Zitronenscheiben

Zubereitung

- Sobald der Tee abgekühlt ist, diesen mit dem Gin in einer großen Schüssel vermengen. Den Zitronensaft, den Zuckersirup und die Bionade dazugeben und untermischen.

- Die Zitrone heiß abwaschen, in Scheiben schneiden und dann in den Punch geben.

Würzige Frucht Bowle

DAUER 12 min

MENGE 1

Zutaten

- 1 Flasche Gin
- 8 CL Zuckersirup
- 2 Grapefruits
- 2 Blutorangen
- 8 Zweige Rosmarin
- Nelken, Muskatnuss (gerieb.)

Zubereitung

- Zuerst den Gin mit dem Zuckersirup vermengen. Danach die Grapefruits und die Blutorangen gründlich waschen. Anschließend jeweils 1 1/2 auspressen und die übrige Hälfte in Scheiben schneiden.

- Den Rosmarin waschen und danach mit allen Komponenten in die Gin Mischung geben. Mit den Gewürzen verfeinern.

Orange Cinnamon

DAUER 8 min

MENGE 1

Zutaten

- 1 Flasche Gin
- 7 CL Madeira
- 7 CL Honig
- 2 Orangen
- 2 Zitronen
- Zimtstangen

Zubereitung

- Zuerst den Gin mit dem Madeira und den Zimtstangen in eine größere Schüssel geben. Den Honig ebenfalls darin einrühren.

- Die Orangen und die Zitrone abwaschen. Anschließend je 1 1/2 Früchte auspressen und die andere Hälfte in Scheiben schneiden. Alle Komponenten in die Gin Mischung geben und ziehen lassen.

Würzig Saures Vergnügen

DAUER 10 min

MENGE 1

Zutaten

- 1 L Tee (fruchtig-würzig)
- 1 Flasche Gin
- 5 CL Mandelsirup
- 5 Limetten
- 3 CL Honig

Zubereitung

- Nachdem der Tee abgekühlt ist, diesen in einer ausreichend großen Schüssel mit dem Gin vermengen.

- Die Limetten abwaschen und den Saft von 4 Limetten in die Ginmischung geben. Den Honig und das Mandelsirup ebenfalls einrühren. Die restliche Limette in Scheiben schneiden und damit verfeinern.

Kamillen Fresher

DAUER	10 min	MENGE	1

Zutaten

- ✦ 1 Flasche Gin
- ✦ 6 CL Holunderblütensirup
- ✦ 3 Zitronen
- ✦ 2 Limetten
- ✦ 2 EL Kamillenblüten (getr.)
- ✦ Soda

Zubereitung

- Als Erstes den Gin mit dem Holundersirup in einer größeren Schüssel vermengen. Die Zitronen und Limetten waschen, etwas Schale abreiben und anschließend den Saft in die Ginmischung geben.
- Nach Belieben mit dem Soda auffüllen und danach mit den Kamillenblüten und den Zesten garnieren.

Big Bulldog

DAUER	10 min	MENGE	1

Zutaten

- ✦ 1 Flasche Gin
- ✦ 1 Flasche Ginger Ale
- ✦ 1 Mango
- ✦ 6 Litschis
- ✦ 3 Limetten
- ✦ 3 Zweige Zitronenmelisse

Zubereitung

- Zunächst den Gin mit dem Ginger Ale in einer ausreichend großen Schüssel miteinander vermengen. Die Melisse hinzufügen.
- Die Mango und die Litschis schälen und danach in Stücke schneiden. Die Limetten waschen, etwas Schale abreiben und danach 2 auspressen und die Dritte in Scheiben schneiden. Alles hinzufügen.

Sweet Strawberry Lime

DAUER 15 min

MENGE 1

Zutaten

- 1 Flasche Gin
- 30 CL Erdbeersirup
- 250g Erdbeeren
- 5 Limetten
- 2 Vanilleschoten
- Soda

Zubereitung

- Zunächst den Gin mit dem Erdbeersirup vermengen. Die Erdbeeren abwaschen, klein schneiden und hinzufügen. Die Vanilleschoten längs aufschneiden und das Mark dazugeben.

- Die Limetten waschen, etwas Schale abreiben, 3 auspressen und die Letzte in Scheiben schneiden. Alles dazugeben. Mit Soda auffüllen.

Peach Basil

DAUER 10 min

MENGE 1

Zutaten

- 1 Flasche Gin
- 50 CL Sekt
- 400g Pfirsiche
- 6 CL Zuckersirup (dunkel)
- 1 Topf Basilikum
- Eiswürfel

Zubereitung

- Zuerst den Gin mit dem Sekt in einer ausreichend großen Schüssel vermengen. Den Zuckersirup ebenfalls einrühren.

- Die Pfirsiche und den Basilikum waschen und klein schneiden. Beides in die Gin Mischung geben. Mit den Eiswürfeln ergänzen und etwas ziehen lassen.

Gin Tonics

Lime Tonic

DAUER 20 min

MENGE 1

Zutaten

- 3 CL Gin
- 2 CL Limettensirup
- 150ml Tonic Water
- 5 Litschi
- 2 Limetten
- Eiswürfel

Zubereitung

- Zuerst die Limetten abwaschen, etwas Schale abreiben und danach 1 1/2 Limetten auspressen. Die Schale der Litschis entfernen und diese danach halbieren. In ein Glas mit Eiswürfeln geben.
- Den Gin mit dem Limettensirup in dem Glas mischen. Mit Tonic, dem Limettensaft und den Zesten verfeinern und genießen.

Tonic & Coffee

DAUER 8 min

MENGE 1

Zutaten

- 9 CL Tonic Water
- 4 CL Gin
- 2 CL Espresso
- 1/2 Zitrone
- Eiswürfel

Zubereitung

- Die Zitrone auspressen und etwas Schale in das Glas hinein reiben. Dann die Eiswürfel dazugeben.
- Mit dem Gin und Espresso ergänzen und dem Tonic Water auffüllen.

Meister Tonic des Waldes

DAUER 10 min

MENGE 1

Zutaten

- 4 CL Tonic Water
- 2 CL Gin
- 1 CL Waldmeistersirup
- 1/2 Orange
- 1 Stängel Waldmeister
- Eiswürfel

Zubereitung

- Die Orange abwaschen. Dann eine Scheibe abschneiden und halbieren. Die restliche Orange auspressen.
- Eiswürfel und das Waldmeistersirup ebenfalls in das Glas geben. Den Gin mit dem Tonic Water dazugeben und mit dem Stängel Waldmeister garnieren.

Basil Tonic mit Apfel

DAUER 10 min

MENGE 1

Zutaten

- 8 CL Tonic Water
- 4 CL Gin
- 2 Scheiben Apfel
- 5 Basilikumblätter
- Eiswürfel

Zubereitung

- Die Scheiben Apfel und den Basilikum waschen und klein schneiden. Dann mit den Eiswürfeln in ein Glas geben.
- Den Gin und das Tonic Water dazugeben. Etwas ziehen lassen und dann genießen.

Sand Tonic

DAUER 5 min

MENGE 1

Zutaten

- 8 CL Gin Tonic
- 5 CL Sanddornsaft
- 2 CL Gin
- Eiswürfel

Zubereitung

- Den Gin mit dem Sanddornsaft in einem Shaker vermischen. Einige Eiswürfel in ein Glas geben.
- Dann den Shakerinhalt in das Glas geben und mit dem Tonic Water auffüllen.

Light Blue Tonic

DAUER 7 min

MENGE 1

Zutaten

- 9 CL Tonic Water
- 4 CL Ananassaft
- 4 CL Gin
- 2 CL Blue Curacao
- Crushed Eis

Zubereitung

- Zuerst den Blue Curacao in ein Glas geben. Das Crushed Eis dazugeben.
- Den Ananssaft mit dem Gin vermengen und dann in das Glas geben. Mit dem Tonic Water auffüllen.

Ginberry Tonic

DAUER 7 min

MENGE 1

Zutaten

- 6 CL Tonic Water
- 3 CL Cranberrysaft
- 3 CL Gin
- 1 Zitrone
- Eiswürfel

Zubereitung

- Zuerst die Zitrone waschen, etwas Schale abreiben und danach den Saft in ein Glas pressen. Die Eiswürfel hinzugeben.
- Dann den Gin mit dem Cranberrysaft vermengen. In das Glas geben und mit dem Tonic Water auffüllen.

Tonic Lime Sour

DAUER 10 min

MENGE 1

Zutaten

- 6 CL Tonic Water
- 3 CL Limoncello
- 2 CL Gin
- 1 Zitrone
- 1 Limette
- Eiswürfel

Zubereitung

- Die Zitrone und die Limette heiß abwaschen, etwas Schale abreiben und anschließend in ein Glas auspressen. Die Eiswürfel hinzufügen.
- Nun den Limoncello und den Gin dazugeben. Mit dem Tonic Water auffüllen.

Flower Tonic

DAUER 12 min

MENGE 1

Zutaten

- 8 CL Tonic Water
- 3 CL Gin
- 3 CL Holunderblütenlikör
- 1 CL Gurkensirup
- 1 Dash Bitter (Orange)
- Blüten (essbar)

Zubereitung

- Den Gin in einen Shaker geben. Den Holunderblütenlikör, den Gurkensirup und den Bitter dazugeben und alles gründlich miteinander vermengen.
- In ein Glas geben, mit dem Tonic Water auffüllen und mit den essbaren Blüten dekorieren.

CranGu Tonic

DAUER 10 min

MENGE 1

Zutaten

- 6 CL Tonic Water
- 3 CL Cranberrynektar
- 3 CL Gin
- 3 Gurkenscheiben (dünn)
- Eiswürfel

Zubereitung

- Die Eiswürfel mit den Gurkenscheiben in ein Glas geben. Den Gin mit dem Cranberrynektar vermengen und dann hinzugeben.
- Mit dem Tonic Water auffüllen und genießen.

Tonic Cinorange

DAUER 8 min

MENGE 1

Zutaten

- 8 CL Tonic Water
- 5 CL Gin
- 1 Orange
- Zimtstangen
- Eiswürfel

Zubereitung

- Die Orange gründlich waschen, etwas Schale abreiben und anschließend in ein Glas auspressen.
- Die Eiswürfel und 2 Zimtstangen ebenfalls in das Glas geben. Mit dem Gin ergänzen und mit dem Tonic Water auffüllen.

Pfeffer Tonic

DAUER 8 min

MENGE 1

Zutaten

- 8 CL Tonic Water
- 4 CL Gin
- 2 CL Limettensaft
- 3 Gurkenstreifen (dünn)
- 2 TL Pfeffer (Szechuan)
- Eiswürfel

Zubereitung

- Die Eiswürfel mit dem Pfeffer und dem Limettensaft in ein Glas geben. Anschließend den Gin dazugeben.
- Mit dem Tonic Water auffüllen und mit den Gurkenstreifen garnieren.

Trum Tonic

DAUER 8 min

MENGE 1

Zutaten

- 9 CL Tonic Water
- 4 CL Gin
- 3 CL Rum
- 3 CL Zitronensaft (frisch)
- 2 Zweige Thymian
- Crushed Eis

Zubereitung

- Zuerst den Thymian waschen und mit dem Eis in ein Glas geben. Danach den Gin, den Rum und den Zitronensaft hinzufügen und alle Komponenten miteinander vermengen.
- Mit dem Gin Tonic ergänzen und etwas ziehen lassen.

Erdbeer Tonic

DAUER 10 min

MENGE 1

Zutaten

- 8 CL Gin Tonic
- 3 CL Gin
- 3 CL Erdbeeren (Püree)
- 1 CL Limettensaft (frisch)
- 1 Prise Pfeffer
- Eiswürfel

Zubereitung

- Das Erdbeerpüree mit den Eiswürfeln und dem Limettensaft in einem Glas vermischen. Den Pfeffer und den Gin ebenfalls dazugeben.
- Zu guter Letzt das Tonic Water hinzufügen und dann genießen. Nach Belieben mit einigen Erdbeeren dekorieren.

Special Tonic

DAUER	17 min	MENGE	1

Zutaten

- 8 CL Gin Tonic
- 4 CL Gin
- 3 CL Balsamico
- 2 CL Zuckersirup
- 2 cm Ingwer
- 2 Erdbeeren

Zubereitung

- Den Ingwer schälen, klein hacken und in dem Zuckersirup für etwa 10 Minuten ziehen lassen. Danach gemeinsam mit dem Gin in einen Shaker geben.
- Den Balsamico in ein Glas geben, den Shakerinhalt hinzufügen und mit dem Tonic Water auffüllen. Mit den Erdbeeren garnieren.

YuCo Tonic

DAUER	10 min	MENGE	1

Zutaten

- 8 CL Tonic Water
- 4 CL Gin
- 4 TL Yuzu (Püree)
- 6 Arabica Espresso Bohnen
- 2 Zitronen
- Eiswürfel

Zubereitung

- Zuerst die Zitrone heiß abwaschen, etwas Schale abreiben und danach in ein Glas auspressen.
- Die Eiswürfel, den Gin und das Yuzu Püree dazugeben und miteinander vermengen. Dann das Tonic Water hinzufügen und die Kaffeebohnen in das Tonic geben.

Tonic Grape

DAUER	10 min	MENGE	1

Zutaten

- ✦ 8 CL Tonic Water
- ✦ 4 CL Gin
- ✦ 1 Grapefruit
- ✦ 1 Limette
- ✦ 1/2 Bund Estragon

Zubereitung

- Die Grapefruit waschen, halbieren und den Saft in ein Glas pressen. Den Gin dazugeben. Die Limette waschen, etwas Schale abreiben und dann ebenfalls in das Glas geben.

- Den Estragon waschen, klein hacken und hinzufügen. Mit dem Tonic Water ergänzen und genießen.

Tonic der Lorbeeren

DAUER	16 min	MENGE	1

Zutaten

- ✦ 8 CL Tonic Water
- ✦ 4 CL Gin
- ✦ 4 CL Portwein
- ✦ 1 Lorbeerblatt
- ✦ Grapefruitzesten
- ✦ Eiswürfel

Zubereitung

- Zuerst das Lorbeerblatt in dem Portwein ziehen lassen. Dann die Eiswürfel in ein Glas geben und den Portwein mit dem Blatt hineingeben.

- Den Gin dazugeben. Mit dem Tonic Water auffüllen und mit den Grapefruitzesten garnieren.

Blue Sweetness

DAUER 7 min

MENGE 1

Zutaten

- 6 CL Tonic Water
- 3 CL Gin
- 2 CL Mandelsirup
- 2 CL Blue Curacao
- 1 CL Bitter Lemon
- Eiswürfel

Zubereitung

- Den Gin mit dem Mandelsirup und dem Bitter Lemon in einem Shaker vermischen. Das Crushed Eis mit dem Blue Curacao in ein Glas geben.
- Den Inhalt des Shakers ebenfalls in das Glas geben und dann mit dem Tonic auffüllen.

Red Peach Tonic

DAUER 8 min

MENGE 1

Zutaten

- 6 CL Tonic Water
- 3 CL Gin
- 2 CL Pfirsichlikör
- 2 CL Limettensaft (frisch)
- 1 CL Grenadinesirup
- Eiswürfel

Zubereitung

- Zuerst den Gin mit dem Pfirsichlikör und dem Limettensaft in einem Shaker vermengen.
- Einige Eiswürfel in ein Glas geben. Den Grenadinesirup dazugeben, mit dem Shakerinhalt ergänzen und dem Tonic Water aufgießen.

Zitroniges Jasmin Tonic

DAUER 8 min

MENGE 1

Zutaten

- 6 CL Tonic Water
- 5 CL Jasmin Tee
- 4 CL Gin
- 2 CL Zuckersirup
- 2 Stiele Zitronenmelisse
- 1 Zitrone

Zubereitung

- Sobald der Jasmintee abgekühlt ist, diesen mit dem Gin vermengen. Die Zitrone abwaschen, etwas Schale abreiben und dann gemeinsam mit dem ausgepressten Saft in das Glas geben.
- Nun den Zuckersirup dazugeben. Mit dem Tonic Water ergänzen und mit der Zitronenmelisse garnieren.

Tonic Rose

DAUER 10 min

MENGE 1

Zutaten

- 6 CL Tonic Water
- 4 CL Rosenwasser
- 3 CL Gin
- 1 CL Zuckersirup
- 1 Zitrone
- Rosenblüten (essbar)

Zubereitung

- Die Zitrone heiß abwaschen, etwas Schale abreiben und danach auspressen. Mit dem Rosenwasser und dem Gin ergänzen.
- Das Zuckersirup einrühren und dann mit dem Tonic Water auffüllen. Mit den Rosenblättern dekorieren.

Mapaya Tonic

DAUER	8 min	MENGE	1

Zutaten

- 8 CL Tonic Water
- 4 CL Gin
- 4 CL Papaya (Püree)
- 3 CL Mango (Püree)
- 2 CL Zitronensaft
- Eiswürfel

Zubereitung

- Die beiden Pürees mit dem Zitronensaft und dem Gin in einen Shaker geben und vermengen.
- Die Eiswürfel in ein Glas geben und dann den Shakerinhalt hinzufügen. Mit dem Tonic Water auffüllen.

Tonic Blueberry Mint

DAUER	10 min	MENGE	1

Zutaten

- 8 CL Tonic Water
- 4 CL Gin
- 2 CL Blaubeersirup
- 10 Blaubeeren
- 4 Minzblätter
- Eiswürfel

Zubereitung

- Zunächst die Minze und die Blaubeeren abwaschen. Dann den Gin mit den Eiswürfeln und dem Blaubeersirup vermengen.
- Das Tonic Water dazugeben und mit der Minze und den Blaubeeren ergänzen. Die Minze kann nach Bedarf auch schon vorher hinzugefügt werden, damit sie sich besser entfalten kann.

GuBi Tonic

DAUER 5 min

MENGE 1

Zutaten

- 6 CL Tonic Water
- 3 CL Gin
- 2 CL Gurkensirup
- 1 CL Birnensirup
- 2 Gurkenstreifen
- Eiswürfel

Zubereitung

- Die Eiswürfel und die Gurkenstreifen in ein Glas geben. Den Gin und die beiden Sirups dazugeben.
- Dann mit dem Tonic Water ergänzen und gründlich miteinander vermengen.

Kardatonic

DAUER 10 min

MENGE 1

Zutaten

- 9 CL Tonic Water
- 3 CL Gin
- 1/2 Grapefruit
- 1/2 Limette
- 2 Kardamomkapseln
- Eiswürfel

Zubereitung

- Etwas Schale der Limette abreiben und gemeinsam mit dem Saft in ein Glas geben. Die Grapefruit ebenfalls dazu pressen.
- Mit den Eiswürfeln ergänzen. Die Kardamomkapseln, mithilfe eines Mörsers, zerkleinern. Gemeinsam mit dem Tonic Water dazu geben.

Tonic des Jägers

DAUER 8 min

MENGE 1

Zutaten

- 6 CL Tonic Water
- 3 CL Gin
- 2 CL Orangensaft (frisch)
- 1 CL Jägermeister
- Eiswürfel

Zubereitung

- Den Gin mit dem Orangensaft vermengen. Die Eiswürfel in ein Glas geben. Den Jägermeister dazu mischen.
- Nun die Eiswürfel und das Tonic Water hinzufügen und alle Komponenten gründlich miteinander vermengen.

Toquila

DAUER 14 min

MENGE 1

Zutaten

- 6 CL Tonic Water
- 2 CL Gin
- 2 CL Tequila
- 1 Orange
- 1/2 Gurke
- Eiswürfel

Zubereitung

- Die Orange waschen, etwas Schale abreiben und dann, gemeinsam mit den Zesten, ausgepresst in ein Glas geben. Die Gurke mit einem Stößel zerdrücken.
- Den Gin und den Tequila in das Glas geben und danach mit den Eiswürfeln, der Gurke und dem Tonic Water ergänzen.

ErdZi Tonic

DAUER 5 min

MENGE 1

Zutaten

- 6 CL Tonic Water
- 3 CL Gin
- 2 CL Pfefferminzsirup
- 2 CL Erdbeersirup
- 1 CL Zitronensaft (frisch)
- Eiswürfel

Zubereitung

- Zuerst den Gin in einem Shaker mit dem Pfefferminzsirup, dem Erdbeersirup und dem Zitronensaft vermengen.
- Einige Eiswürfel in ein Glas geben. Dann den Shakerinhalt dazugeben und mit dem Tonic Water auffüllen.

Lila Rosenwelt

DAUER 6 min

MENGE 1

Zutaten

- 6 CL Tonic Water
- 3 CL Gin
- 2 CL Lavendelsirup
- 2 CL Rosenwasser
- 5 Himbeeren
- Lavendel (essbar)

Zubereitung

- Den Gin mit dem Lavendelsirup und dem Rosenwasser vermengen. In ein Glas geben und dann mit dem Tonic Water ergänzen.
- Mit den Himbeeren und dem Lavendel dekorieren und genießen.

Longdrinks

Strong Cola

DAUER 10 min

MENGE 1

Zutaten

- 2 CL Gin
- 1 CL Rum (weiß)
- 1 CL Tequila
- 1 CL Triple Sec
- 1 CL Zitronensaft
- Coca Cola

Zubereitung

- Den Gin mit dem Zitronensaft, dem Rum und dem Tequila in einem Shaker vermengen. Den Triple Sec dazugeben.
- Etwas Eis in ein Longdrink Glas geben, den Shakerinhalt hinzufügen und mit der Cola auffüllen.

Orange Crush

DAUER 10 min

MENGE 1

Zutaten

- 2 CL Gin
- 2 CL Wodka
- 1 CL Amaretto
- 1 Dash Galliano
- 1 Orange
- Eiswürfel

Zubereitung

- Die Orange waschen, etwas Schale abreiben und danach in ein Glas pressen. Dann den Gin, den Wodka und den Amaretto dazugeben.
- Den Dash Galliano dazugeben und dann mit den Eiswürfeln ergänzen.

Sunrise

DAUER 5 min

MENGE 1

Zutaten

- 4 CL Gin
- 2 CL Zitronensaft (frisch)
- 2 CL Sahne
- 1 CL Curacao (Orange)
- 1 CL Zuckersirup
- Crushed Eis

Zubereitung

- Den Gin mit dem Zitronensaft, der Sahne und dem Zuckersirup in einen Shaker geben und vermengen.
- Das Crushed Eis in ein Glas geben. Den Curacao dazugeben und danach den Inhalt des Shakers hinzufügen.

Juicy Fruity

DAUER 10 min

MENGE 1

Zutaten

- 3 CL Gin
- 3 CL Kirschlikör
- 2 CL Crème de Coconut
- 2 CL Ananassaft
- 1 Kiwi
- 1/2 Orange

Zubereitung

- Die Schale der Kiwi entfernen. Dann mit einem Stößel zerstoßen. Die Orange waschen, etwas Schale abreiben und danach auspressen.
- Den Gin mit dem Kirschlikör, der Crème de Coconut und dem Ananassaft in einem Shaker vermengen. Die Kiwi, die Zesten und den Orangensaft dazugeben und genießen.

Riser

DAUER 5 min

MENGE 1

Zutaten

- 4 CL Malibu
- 3 CL Gin
- 3 CL Orangensaft (frisch)
- 3 CL Maracujasaft
- 2 CL Grenadine
- 1 CL Zitronensaft

Zubereitung

- Den Malibu mit dem Gin und dem Zitronensaft in einen Shaker geben. Dann den Orangensaft und den Maracujasaft dazugeben und alle Zutaten miteinander vermengen.
- Danach in ein Longdrink Glas geben. Nach Belieben Eis dazugeben und den Grenadinesirup hinzufügen.

Long Ginger

DAUER 7 min

MENGE 1

Zutaten

- 4 CL Gin
- 3 CL Ginger Ale
- 2 CL Limettensaft
- 1 Limettenscheibe
- Crushed Eis

Zubereitung

- Den Gin mit dem Ginger Ale in einem Shaker vermengen. Den Limettensaft dazu geben.
- Das Crushed Eis in ein Glas geben. Den Inhalt des Shakers hinzufügen und mit der Limettenscheibe garnieren.

A Lot is Not Enough

DAUER 7 min

MENGE 1

Zutaten

- 4 CL Cola
- 3 CL Orangensaft (frisch)
- 2 CL Gin
- 2 CL Jägermeister
- 2 CL Rum
- Eiswürfel

Zubereitung

- Die Cola mit dem Orangensaft in einen Shaker geben. Den Gin, den Jägermeister und den Rum dazugeben.
- Eiswürfel in ein Glas geben und dann den Inhalt des Shakers hineinfüllen. Nach Belieben mit einer Orangenscheibe dekorieren.

Maginger

DAUER 18 min

MENGE 1

Zutaten

- 5 CL Gin
- 4 CL Ginger Beer
- 3 CL Mango (Püree)
- 2 CL Limettensaft (frisch)
- 1 CL Zuckersirup
- 5 Minzblätter

Zubereitung

- Zuerst die Minzblätter waschen, klein hacken und in dem Limettensaft ziehen lassen. Dann den Zuckersirup hinzufügen.
- Den Gin und das Mangopüree hinzugeben. In ein Longdrink Glas geben und mit dem Ginger Beer auffüllen.

Aperol Rhabarber

DAUER	15 min

MENGE	1

Zutaten

- 4 CL Gin
- 3 CL Limettensaft (frisch)
- 2 CL Rhabarbersirup
- 1 CL Aperol
- 10 Minzblätter
- Soda

Zubereitung

- Die Minzblätter waschen, klein hacken und in dem Limettensaft ziehen lassen.
- Nach etwa 10 Minuten den Gin, den Aperol und den Rhabarbersirup dazugeben. Mit dem Soda auffüllen und genießen.

Red Drunk

DAUER	10 min

MENGE	1

Zutaten

- 3 CL Gin
- 2 CL Brandy (Cherry)
- 2 CL Cointreau
- 1 CL Grenadinesirup
- 1 CL Ananassaft
- 1 Dash Bitter (Agostura)

Zubereitung

- Den Gin mit dem Brandy und dem Cointreau in einem Shaker vermengen. Den Ananassaft und den Dash Bitter hinzufügen.
- In ein Glas geben und danach mit dem Grenadinesirup ergänzen.

Mule an Gin

DAUER 16 min

MENGE 1

Zutaten

- 5 CL Gin
- 2 CL Limettensaft
- 2 CL Zuckersirup
- 2 CL Ginger Beer
- 10 Blätter Minze
- Eiswürfel

Zubereitung

- Die Minzblätter waschen, klein hacken und in dem Limettensaft für 10 Minuten ziehen lassen.

- Anschließend mit dem Gin und dem Zuckersirup ergänzen. Einige Eiswürfel in ein Glas geben. Mit dem Shakerinhalt ergänzen und dem Ginger Beer auffüllen.

Himbeer Traum

DAUER 8 min

MENGE 1

Zutaten

- 4 CL Gin
- 2 CL Wodka
- 1 CL Himbeersirup
- 1 CL Zitronensaft (frisch)
- 5 Himbeeren
- Crushed Eis

Zubereitung

- Den Gin mit dem Wodka, dem Himbeersirup und dem Zitronensaft in einen Shaker geben und vermengen.

- Das Crushed Eis in ein Glas geben. Den Shakerinhalt in das Glas geben. Die Himbeeren waschen und damit den Longdrink dekorieren.

Schlusswort

Wir hoffen sehr, dass dir dieses Buch gefallen hat. Dass du wundervolle Abende mit deinen selbst gemixten Gin Drinks verbracht hast - dass du einfach dein Leben genossen hast.

Mit diesem Buch wollten wir dir die Vielfalt des Gins näher bringen. Außerdem hast du unter Umständen sogar deine Leidenschaft für Gin gefunden. Dieses Buch sollte dir einen guten Einstieg bieten oder dich dazu verleiten neue Dinge auszuprobieren.

Wenn dir dieses Buch gefallen hat, dann teile doch gerne deine Erfahrungen mit den Anderen. So kannst du auch Anderen dazu verhelfen eine Ginperience zu bekommen. Hinterlasse uns auch gerne dein Feedback, damit wir uns stetig verbessern können.

Entfalte deinen inneren Gin Genießer!

John Ley **& Liquid Labs**

Liquid Labs präsentiert...

Good Things come last...

Rechtliches & Impressum

Haftungsausschluss
Die Benutzung dieses Buches und die Umsetzung der darin enthaltenen Informationen erfolgt ausdrücklich auf eigenes Risiko. Haftungsansprüche gegen den Autoren für Schäden materieller oder ideeller Art, die durch die Nutzung oder Nichtnutzung der Informationen bzw. durch die Nutzung fehlerhafter und/oder unvollständiger Informationen verursacht wurden, sind grundsätzlich ausgeschlossen. Rechts- und Schadensersatzansprüche sind daher ausgeschlossen. Das Werk inklusive aller Inhalte wurde unter größter Sorgfalt erarbeitet. Der Autor übernimmt jedoch keine Gewähr für die Aktualität, Korrektheit, Vollständigkeit und Qualität der bereitgestellten Informationen. Druckfehler und Falschinformationen können nicht vollständig ausgeschlossen werden. Es kann keine juristische Verantwortung sowie Haftung in irgendeiner Form für fehlerhafte Angaben und daraus entstandene Folgen vom Autor übernommen werden.

Haftungsausschluss und allgemeiner Hinweis zu medizinischen Themen: Die hier dargestellten Inhalte dienen ausschließlich der neutralen Information und allgemeinen Weiterbildung. Sie stellen keine Empfehlung oder Bewerbung der beschriebenen oder erwähnten diagnostischen Methoden, Behandlungen oder Arzneimittel dar. Der Text erhebt weder einen Anspruch auf Vollständigkeit noch kann die Aktualität, Richtigkeit und Ausgewogenheit der dargebotenen Informationen garantiert werden. Der Text ersetzt keinesfalls die fachliche Beratung durch einen Arzt oder Apotheker und er darf nicht als Grundlage zur eigenständigen Diagnose und Beginn, Änderung oder Beendigung einer Behandlung von Krankheiten verwendet werden. Konsultieren Sie bei gesundheitlichen Fragen oder Beschwerden immer den Arzt Ihres Vertrauens! Wikibooks und Autoren übernehmen keine Haftung für Unannehmlichkeiten oder Schäden, die sich aus der Anwendung der hier dargestellten Information ergeben. Beachten Sie auch den Haftungsausschluss und dort insbesondere den wichtigen Hinweis für Beiträge im Bereich Gesundheit.

Quelle: wikibooks

Impressum
John Ley & Liquid Labs werden vertreten durch:

Frederike Knecht
Humboldtstraße 120
22083 Hamburg
Deutschland

Cover made by germancreative | fiverr.com
Cover Images by:
5PH, yarunivphoto, lyulka.86, anaumenko, Sashkin7, a lisa | depositphotos.com

Icons | flaticon.com
Rezepte:
Icons made by Freepik (https://www.freepik.com/) from www.flaticon.com (https://www.flaticon.com/) is licensed by CC 3.0 BY (http://creativecommons.org/licenses/by/3.0/)
Icons made by Freepik (https://www.freepik.com/) from www.flaticon.com (https://www.flaticon.com/) is licensed by CC 3.0 BY (http://creativecommons.org/licenses/by/3.0/)

Schlusswort:
Icons made by Freepik (https://www.flaticon.com/authors/freepik) from www.flaticon.com (https://www.flaticon.com/) is licensed by CC 3.0 BY (http://creativecommons.org/licenses/by/3.0/)
Icons made by Freepik (https://www.flaticon.com/authors/freepik) from www.flaticon.com (https://www.flaticon.com/) is licensed by CC 3.0 BY (http://creativecommons.org/licenses/by/3.0/)
Icons made by Smashicons (https://www.flaticon.com/authors/smashicons) from www.flaticon.com (https://www.flaticon.com/) is licensed by CC 3.0 BY (http://creativecommons.org/licenses/by/3.0/)

Printed in Germany
by Amazon Distribution
GmbH, Leipzig

20811157R00091